필사의 감각

한 그루의 나무가 모여 푸른 숲을 이루듯이
청림의 책들은 삶을 풍요롭게 합니다.

필사의 감각

고요하게 나의 세계를 확장하는

장석주

청림출판

일러두기

1. 이 책은《이토록 멋진 문장이라면》(2015)의 개정판입니다.
2. 도서명은《 》, 작품명은〈 〉로 표기했습니다. 작품 출처는 최신판을 기준으로 하여 실었습니다.
3. 각 작품은 원문 그대로 수록했으나, 한글 맞춤법 및 외래어 표기법에 어긋난 부분은 수정했습니다. 단, 56쪽의 '헨리 데이빗 소로우'는 '헨리 데이비드 소로'로 표기해야 하며, 122쪽의 '세이쇼나곤'은 '세이 쇼나곤'으로 띄어써야 하나, 원저작물에 표기된 대로 따랐습니다. 그밖에 일부 작품은 가독성을 위해 문단을 나누거나 중략했습니다.
4. 저작권이 해제된 작품의 경우, 수록작을 따로 명기하지 않았습니다.
5. 본문에 수록된 인용문은 출판사, 저자, 한국문학예술저작권협회를 통해 저작권자의 동의를 얻었습니다. 저작권자와 연락이 닿지 않아 미처 허가받지 못한 작품에 대해서는 추후 저작권이 확인되는 대로 적법한 절차에 따르도록 하겠습니다.

필사는 느린 꿈꾸기이고

나를 돌아보는 성찰이며

행복한 몽상이다

개정판을 내면서

《이토록 멋진 문장이라면》이 나온 지 어느덧 10년이 지났다. 그 사실에 화들짝 놀란다. 이 책에 실을 '멋진 문장'들을 숱한 책들에서 찾아내고 몇 줄 해설을 쓰던 날이 엊그제 같은데 벌써 세월이 그만큼 흘러간 것이다. 그간 《이토록 멋진 문장이라면》은 과분할 만큼 큰 사랑을 받았다.

이제 이 책이 만날 독자는 이전 독자들과는 다른 감각과 다채로운 습관을 가진 새로운 세대일 테다. 새 술은 새 부대에 담으라는 옛말이 있다. 내 게으름을 채찍질하고 상큼 일어서서 낡은 문장 몇 개는 솎아내고 더 신박한 문장을 스물다섯 개나 더했다. 책의 내용이 그만큼 풍성해졌기를 바란다.

이 문장들은 필사를 위한 것이다. 고요하게 앉은 자리에서 그 뜻을 되새기며 문장을 필사하는 가운데 삶과 사랑과 경험을 하나로 아우르며 보는 눈과 문장의 심연과 미감을 읽어내는 안목이 깊어지고, 더불어 생활에 필요한 문해력을 더 높이는 계기를 찾길 바란다.

《이토록 멋진 문장이라면》 머리말에 나는 이렇게 썼다. 그 말을 다시 한 번 더하고 싶다.

"완벽하지 않아도 괜찮아, 자, 네 문장을 써봐!"

2025년 겨울, 파주에서

장석주

나를 물들이는 문장과의 만남

나는 읽는다, 고로 존재한다. 한 걸음 더 나가면 '나는 쓴다, 고로 존재한다'에 이르게 될 테다. 쓰는 일은 읽는 일에서 시작한다. 평생에 걸쳐 책을 섭렵하면서 명문장들을 만났다. 왜 나는 책을 읽었을까? 책 읽기는 현실도피의 한 방식이다. 책 읽기가 현실도피라면 이보다 더 우아한 방식의 현실도피를 찾아보기는 어렵다. 19세 때 니체의 《차라투스트라는 이렇게 말했다》를 읽은 것은 무일푼이고 백수로 빈둥거린 탓에 숨 막히는 현실에서 도망가기 위해서만은 아니었다. 이 곤란과 감히 맞서보려는 생각은 없었다. 단지 나는 진정으로 살기를 원했다. 단테의 《신곡》에 나오는 한 문장, "우리 인생길의 한중간에서/나는 올바른 길을 잃어버렸기에/어두운 숲 속을 헤매고 있었네"라는 문장에 그 대답이 숨어 있다. 올바른 길을 잃었기에, 그리고 어둠 속을 헤매고 있었기에, 나는 굶주린 짐승이 먹이를 찾듯이 서책들을 구해 읽었다.

나는 책 읽기가 기적은 아니지만 놀라운 변화의 동력이 될 수 있다는 확신을 가졌다. 좋은 책들은 고독 속에서 흘러나오는 초월의 노래다. 좋은 책이 주르륵 보여주는 명문장들은 몇 방울의 피, 깊이를 헤아리기 어려운 고독, 순도 높은 침묵으로 이루어진다. 읽은 것들이 무지의 자각에 이르게 하고, 궁극에는 나약한 정신을 단련시키고 삶의 지침으로 오롯하였다. 나는 쉬지 않고 읽었기에, 모호한 영혼과 불명확한 삶에 대해 몇 마디쯤은 말을 할 수 있게 되었다. 읽은 것들을 다 기억하지 못한다. 읽은 것들을 다 기억할 필요도 없다. 그중에서 일부를 소개하려고 한다.

명문장은 지혜와 인생의 정수를 함축된 구조 속에 담아낸 문장이다. 더러 그것들은 거울이 되어 우리 내면을 비춰준다. 그 거울을 통해 자신의 내면을 들여다보고, 인생을 더 좋은 것으로 바꾸는 데 힘을 보탤 수가 있다. 어떤 문장들은 마음으로 들어와 마음의 금琴을 '퉁기둥' 하고 맑은 소리로 울린다. 통사적으로 완벽하고 수사학은 신선하다. 뜻이 새롭고 표현은 세련되며 간결한 문장들은 맵시 있고 감탄할 만하며 닮고자 하는 욕구를 기분 좋게 자극한다.

문장에 삿됨이 없고 품격과 아취가 깃들어 있다. 그렇다. 명문장은 딱딱하기보다는 말랑말랑하고, 그 표현이 수려하다. 문법적으로 완벽하기보다는 문법과 생각이 자연스럽게 녹아 어우러진 문장이다. 생명의 리듬을 담고 있는 문장, 흐르고 스쳐가는 어떤 절대의 순간을 서늘하게 드러내는 문장, 감각적인 기쁨과 충만을 담은 문장, 영혼을 울리면서 강렬한 존재 쇄신의 느낌을 주는 문장! 밀봉된 운명의 불가해성을 여는 첫 문장!

가장 잊을 수 없는 소설의 첫 문장은 블라디미르 나보코프의 《롤리타》를 여는 "롤리타, 내 삶의 빛, 내 몸의 불이여. 나의 죄, 나의 영혼이여"다. 영원히 붙잡을 수 없는 것을 붙잡으려는 자의 덧없는 욕망에 대한 이야기를 여는 첫 문장으로 이보다 더 완벽할 수는 없다. 검고 숱이 많은 눈썹을 가진 험버트 씨는 가련하다. 자기의 환상을 뭉쳐 만든 요정에 홀려 인생을 망쳐버리니까! '롤리타'는 빛이자 불이고, 뜨거운 죄의 시작이다. 불을 붙인 것은 욕망일까, 혹은 사랑일까? 딱히 어느 한쪽이라고 못 박을 수는 없다. 분명한 것은 금지된 것을 향한 탐미적 욕망은 한 줌의 회의도 없이 지옥까지 기꺼이 내려서려는 지독한 욕망이다. 이 첫 문장 때문에 나는 이 소설을 읽고 또 읽었다. 또 다른 문장이 있다.

> 봄철에 티파사에는 신神들이 내려와 산다. 태양 속에서, 압생트의 향기 속에서, 은빛으로 철갑을 두른 바다며, 야생의 푸른 하늘, 꽃으로 뒤덮인 폐허, 돌더미 속에 굵은 거품을 일으키며 끓는 빛 속에서 신들은 말한다. 어떤 시간에는 들판이 햇빛 때문에 캄캄해진다. 두 눈으로 그 무엇인가를 보려고 애를 쓰지만 눈에 잡히는 것이란 속눈썹 가에 매달려 떨리는 빛과 색채의 작은 덩어리들뿐이다.
>
> _ 알베르 카뮈, 《결혼·여름》, 김화영 옮김, 책세상, 1998, 13쪽

알베르 카뮈의 이 문장을 정확하게 언제 읽었는지 기억나지 않는다. 야생의 향과 빛과 색채로 뒤엉킨 티파사라니! 오감을 화들짝 놀라게 한 이 문장을 처음 접한 뒤 나는 수십 번도 더 넘게 되풀이

해서 읽었다. 모란과 작약이 꽃망울을 터뜨리는 화창한 봄날에도, 비가 추적추적 내리는 가을 저녁에도, 진눈깨비가 창호지를 바른 창에 내리치는 스산한 겨울 아침에도 이 문장을 찾아 읽었다. 이 문장을 읽을 때마다 몸의 나른한 이완과 그 이완의 틈새로 행복은 날개를 고요히 접으며 내려앉는다. 카뮈의 산문 문장들은 비참과 고독의 구덩이에 빠진 내게 넌지시 구원의 손을 건넨다. 나는 스무 살에도 그랬고 예순이 넘은 지금도 카뮈가 내미는 손을 덥석 잡는다.

결국 나는 그토록 많은 책들을 읽고 말았다. 책들이 다가와 말을 걸었다. 나는 문장들의 목소리에 귀를 기울였다. 정신은 고온에서 달궈지고, 단단한 문장들은 평생의 지적 자산이 되고, 성장의 자양분이 되었다. 이것들을 읽어서 내 것으로 만드는 행위는 가장 비용을 적게 들이면서 인생을 더 나은 방향으로 바꿀 수 있는 방법이다.

명문장을 베껴 쓰는 일은 그 작가에 대한 오마주다. 베껴 쓰기는 교감을 나누는 것이다. 아울러 문장에 깃든 정신과 기품을 닮으려는 능동적인 마음의 발로를 보여준다. 베껴 쓰는 사람은 문장의 정수 속으로 스민다. 자아와 문장의 혼융! 영리하고 명료한 명문장들이 내 안으로 흘러들어와 뼈와 살을 이룬다. 자, 여기 마음으로 읽고 뼈에 새길 만한 명문장들이 있다. 연필을 들고 노트를 펴서 그 명문장들을 따라 써보자!

사람들은 저마다 제각각의 불행을 안고 산다. 이 불행들이 우리를 고독에 빠뜨리고 젊음과 영혼을 잠식한다. 이 영혼을 좀먹는 불행과 싸우는 데 에너지를 다 써버려 우리 감정은 메마르고 삶은 고갈된 바닥을 드러낸다. 이때 '좋은 책들'—명문장들을 그득 품은 책들이다—은 침울하고 권태로운 마음에 화사한 빛을 비춘다. 위로와 기쁨을 주고, 감정을 윤택하게 하는 빛에 감싸인 책들에 축복이 있을진저! 이 베껴 쓰기의 첫 번째 목적은 들뜬 마음을 가라앉히고 마음에 조촐한 기쁨을 얻고자 함이다. 마음에 되새길 만한 좋은 문장들을 무념무상으로 베껴 쓰는 가운데 마음의 정화와 영혼의 성장을 위한 계기를 발견하기 위함이다. 베껴 써라, 그러면 명문장에 깃든 빛이 당신의 내부를 밝혀줄 것이다. 그 빛은 치유와 희망의 빛이다. 문장 쓰기에 힘과 탄력이 붙으면, 내 문장을 써보자! 모든 쓰기는 시간의 유한성과 죽음과 망각에 대한 저항이다. 쓴다는 것보다 더 직접적인 자기표현은 없다. 쓴다는 것은 현재진행형의 삶을 문장으로 고착시키는 일이다. 인생이 그렇듯이 문장은 암시와 폭로로 이루어진다. 자, 종이와 연필을 준비하고 문장들을 써보자.

"완벽하지 않아도 괜찮아, 자, 네 문장을 써봐!"

2015년 9월

장석주 씀

차례

개정판을 내면서 006

머리말 나를 물들이는 문장과의 만남 008

1장 메마른 심연에 비추는 한 줄기 빛처럼 _ 감정을 다스려주는 명문장

왜 사랑하느냐고 묻는 젊은이에게 _ **장석주** 022

기다림 _ **롤랑 바르트** 024

사랑은 이런 건가요? _ **장석주** 026

오래된 기억 _ **기형도** 028

파초芭蕉 _ **이태준** 030

열쇠 _ **메리 루플** 032

섬에서 보내는 편지 _ **함민복** 034

느린 걸음이 가져다주는 것들 _ **이혜경** 036

빛 항아리 _ **함정임** 040

이 풀더미를 한 평만 떼어다 _ **황대권** 042

산마을 이웃들 _ **최성현** 044

나를 치유하는 글쓰기 _ **장석주** 046

매화 _ **김용준** 048

마당에 눕다 _ **정효구** 050

물살을, 삶을 헤치는 법 _ **전영애** 052

2장 거대한 폭풍 앞에서 길을 잃었을 때
_ 인생을 깨우쳐주는 명문장

밥벌이를 직업으로 삼지 마라 _ **헨리 데이비드 소로** 056

우리의 과거는 지난 생이 쌓은 가치이자 자산이다 _ **발터 벤야민** 058

눈물 젖은 빵을 먹어보지 못한 사람 _ **요한 볼프강 폰 괴테** 060

산다는 것은 무엇인가? _ **장석주** 062

사람은 누구나 자기 자신에게로 이르는 길 _ **헤르만 헤세** 064

봄의 속삭임 _ **헤르만 헤세** 066

뼛속까지 내려가서 써라! _ **나탈리 골드버그** 068

장수長壽 _ **피천득** 070

살면서 죽음을 기억하라 _ **레프 톨스토이** 074

탐욕의 어리석음에 대하여 _ **제러미 타일러** 078

태어나기에 좋은 날이라면, 그 날은 죽기에도 좋은 날이다 _ **M. V. 카마스** 080

마음 속 풍경 _ **복거일** 082

결혼에 대하여 _ **칼릴 지브란** 084

두 번은 없다 _ **비스와바 쉼보르스카** 088

대나무 잎에 쌓인 눈처럼 _ **오이겐 헤리겔** 092

사랑 없는 인생 _ **요한 볼프강 폰 괴테** 094

아버지의 마음 _ **김현승** 096

"아니오"라고 말할 수 있는 용기 _ **김수환** 100

그릇을 깨트리고 _ **신영복** 102

소중한 것들은 항상 곁에 있기에
_ 일상을 음미하게 해주는 명문장

여름의 문장들 _ **장석주** 106

그대 다시는 고향으로 돌아가지 못하리 _ **이-푸 투안** 108

나는 자주 눈의 나라에 도착하는 꿈을 꾼다 _ **가와바타 야스나리** 110

고양이 _ **장석주** 112

벽난로 앞에서 _ **장석주** 114

나는 다방 커피가 좋다 _ **최성각** 116

옛날 국수 가게 _ **정진규** 120

사계절의 멋 _ **세이 쇼나곤** 122

콩나물 삶는 냄새 _ **박형준** 124

가을 낮 마법의 길에서 _ **성석제** 126

호미 예찬 _ **박완서** 130

끝없는 상상의 세계를 유영하듯
_ 생각을 열어주는 명문장

대추 한 알 _ **장석주** 136

편도나무여, 내게 신에 대해 이야기해다오 _ **니코스 카잔차키스** 138

시간은 장소에 따라 다른 속도로 흐른다 _ **카를로 로벨리** 140

고양이는 침묵과 도약으로 이루어진 생명체다 _ **장 그르니에** 142

책은 우리 내면의 얼어붙은 바다를 깨는 도끼다 _ **프란츠 카프카** 144

다른 이들을 생각하라 _ **마하무드 다르위시** 148

천천히, 느리게, 있는 그대로 _ **피에르 쌍소** 150

가장 단순한 것을 배우라 _ **베르톨트 브레히트** 152

고속도로 위의 야생화 _ **이어령** 154

새봄이 일어서고 있다 _ **최인호** 156

철학과 마주한 죽음 _ **구인회** 158

영원하지 않아서 더욱 찬란한
_ 감각을 깨우는 명문장

키스가 공허한 것이라고요? _ **로버트 롤런드 스미스** 162

포도주 찬미 _ **샤를 보들레르** 164

걷기는 자신의 길을 되찾는 일이다 _ **다비드 르 브르통** 168

열매 맺지 못하는 오렌지나무의 노래 _ **페데리코 가르시아 로르카** 170

세상의 혼-시간을 말하다 _ **크리스토퍼 듀드니** 174

화살과 노래 _ **헨리 워즈워스 롱펠로** 176

빗방울 _ **오규원** 180

말테의 수기 _ **라이너 마리아 릴케** 182

칼자국 _ **김애란** 186

새벽예찬 _ **장석주** 188

철수 _ **배수아** 190

침묵의 여러 가지 양상들 _ **마르크 드 스메트** 192

1

메마른 심연에 비추는 한 줄기 빛처럼

_ 감정을 다스려주는 명문장

왜 사랑하느냐고 묻는 젊은이에게

우리는 왜 누군가를 사랑하는가? 그것은 내가 사랑하는 누군가가 아니기 때문이다. 사랑은 그 누군가가 내 존재 안의 결핍이라는 자각에서 시작한다. 사랑은 '혼자'라는 것과 깊이 상관되는 일이다. 우리 각자가 '혼자'가 아니라면 누군가를 사랑하지 않은 채 살아갈 수도 있을 테다. 우리 각자가 혼자라는 자각, 결핍의 존재라는 것, 그리고 실존적 외로움은 타인과의 사랑을 꿈꾸게 만드는 전제 조건이다.

_ 장석주,《사랑에 대하여》, 책읽는수요일, 2017, 210쪽

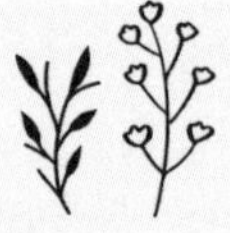

사랑이 발화되는 것은 한순간이다. 우리는 누군가의 미적 자본에 매혹되어 사랑에 빠진다. 우리는 왜 특정한 사람에 이끌리는가? 그 이유를 꼼꼼하게 따지면 백 가지도 넘을 테다. 그러나 분명한 한 가지 사실은 사랑의 목적이 사랑하는 것이라는 점이다. 사랑의 열락, 사랑의 행복, 그리고 사랑함으로 얻는 생생한 기쁨이 우리를 사랑으로 유인하지만 사랑의 진짜 목적과 의미는 사랑 그 자체에 있다.

기다림

사랑하는 사람의 숙명적인 정체는 기다리는 사람, 바로 그것이다. 기다리게 하는 것, 그것은 모든 권력의 변함없는 특권이요, "인류의 오래된 소일거리이다."

_ 롤랑 바르트, 《사랑의 단상》, 김희영 옮김, 동문선, 2004, 68쪽

기다림은 사랑의 숙명이다. 더 많이 사랑하는 자가 더 많이 기다리는 법이다. 더 많이 기다리는 사람의 열정이 더 크고, 열정이 큰 사람이 더 많이 희생한다. 그렇다고 사랑의 약자가 사랑에서 얻는 행복이 적은 것은 아니지만 모든 사랑의 주도권은 더 많이 사랑하는 자보다 덜 사랑하는 이가 쥐는 게 진실이다.

사랑은 이런 건가요?

당신에게 나를 통째로 줄게. 나를 사랑한다면 내 살을 홍어처럼 씹고, 내 피를 목구멍으로 포도주처럼 삼켜다오! 당신이 나를 씹어 삼킨다면 나는 당신의 위와 장에서 낱낱으로 으깨지고 소화 과정을 거쳐 당신의 일부가 될 것이다. 우리는 그렇게 완벽한 합일에 이를 수가 있다.

_ 장석주, 《에밀 시오랑을 읽는 오후》, 현암사, 2023, 452쪽

스무 살 무렵엔 사랑이 어려웠다. 사랑은 풀기 어려운 수수께끼 같았다. 왜 그토록 사랑이 어려웠을까? 그건 내가 쑥맥인 탓도 있지만 사랑의 속성을 제대로 알지 못했던 탓이다. 세월이 많이 흐른 이제야 사랑이 어떤 것인지 그 윤곽 정도는 그려볼 수 있게 되었다.

오래된 기억

나의 영혼은 검은 페이지가 대부분이다.
그러니 누가 나를 펼쳐볼 것인가.

_ 기형도, 《입 속의 검은 잎》, 문학과지성사, 1989, 25쪽

서른도 되지 않은 나이에 절명한 시인의 유고시집을 읽으며 깜짝 놀랐다. 발랄하던 젊은 시인이 남에게 한 번도 보여주지 못한 제 영혼의 단면을 보여주었기 때문이다. 자기 영혼이 "검은 페이지"로 이루어졌다고 고백하는 시인이라니! 무엇이 그의 영혼을 온통 어둠과 비탄으로 젖게 만들었을까?

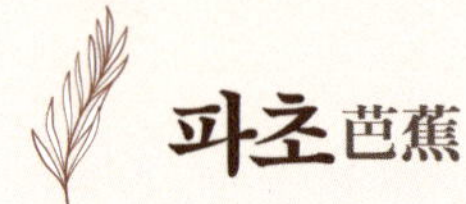

파초芭蕉

파초는 소 선지가 제일 좋은 거름이란 말을 듣고 선지는 물론이요 생선 씻은 물, 깻묵물 같은 것을 틈틈이 주었더니 작년 당년으로 성북동에선 제일 큰 파초가 되었고 올봄에는 새끼를 다섯이나 뜯어내었다. 그런 것이 올여름에도 그냥 그 기운으로 장차게 자라 지금은 아마 제일 높은 가지는 열두 자도 훨씬 더 넘을 만치 지붕과 함께 솟아서 퍼런 공중에 드리웠다. 지나는 사람마다 "이렇게 큰 파초는 처음 봤군!" 하고 우러러보는 것이다. 나는 그 밑에 의자를 놓고 가끔 남국의 정조情調를 명상한다.

파초는 언제 보아도 좋은 화초다. 폭염 아래서도 그의 푸르고 싱그러운 그늘은, 눈을 씻어줌이 물보다 더 서늘한 것이며 비 오는 날 다른 화초들은 입을 다문 듯 우울할 때 파초만은 은은히 빗방울을 퉁기어 주렴珠簾 안에 누웠으되 듣는 이의 마음에까지 비를 뿌리고도 남는다. 가슴에 비가 뿌리되 옷은 젖지 않는 그 서늘함, 파초를 가꾸는 이 비를 기다림이 여기 있을 것이다.

_ 이태준, 《무서록》, 범우사, 2009, 26~27쪽

1930년대 한국 문단에 "운문은 지용(정지용), 산문은 상허(이태준)"라는 말이 회자되었다. 지금 읽어도 이태준의 문장은 낡거나 비루하거나 촌스럽지 않다. 담백하고 수려하다. 파초는 잎이 넓은 이국 식물이다. 언제 귀화했는지는 알 수 없다. 이 귀화식물을 기르는 데 온갖 정성을 다 쏟는다. "열두 자도 훨씬 더 넘을 만치 지붕과 함께 솟아서 퍼런 공중에 드리"웠다니! 파초의 푸르른 그늘은 곧 파초의 마음이다. 파초를 기르는 이의 마음은 곧 파초의 마음에가 닿으려는 마음이다. 파초를 기르는 이의 마음과 주렴 안쪽에 누워 파초 잎에 떨어지는 빗소리를 듣는 이의 마음은 다르지 않다.

열쇠

불쌍한 작은 열쇠들이여! 이젠 성공을 늘 기대할 수가 없다. 수동적 저항이 열쇠의 신조가 되었기에 그렇다. 그것이 열쇠의 박해자들이 '고집'이라 부르는 형태를 취하고 그렇게 대대로 이어진다면, 온 세계 사람들이 어찌해도 열쇠들에게서 그런 성질을 빼내지 못할까 싶어 안타깝다. 해볼 수 있는 일이라고는 이따금 홀로 떨어진 개별의 열쇠를 구조하여 어떻게 세심하고 친절하게 다루면 성공할 수 있을지 시험해 보는 일뿐이다.

_ 메리 루플, 《나의 사유재산》, 박현주 옮김, 카라칼, 2021, 16쪽

우리는 열쇠의 고집이나 성질에 대해 무관심한 채로 산다. 관습적 무관심이 배어버린 탓이다. 이런 태도가 사물에게만 국한된다면 다행이겠지만 다른 생명, 다른 사람에 대해서도 이런 태도를 취하기 쉽다. 우리가 저지르는 무관심과 냉소에도 한 줌 죄의식조차 없는 것은 안타까운 일이다. 그렇게 살아서는 안 될 일이다. 이제부터라도 홀로 떨어져 고립된 열쇠들에게 세심하고 친절한 관심을 보여주자.

섬에서 보내는 편지

풋살구가 떨어지며 사랑채 지붕을 두드립니다. 양철 지붕에 부딪히고 살짝 튀어 올랐다 다시 떨어지며 낮은 소리를 한 번 더 냅니다. 침묵이 나비물처럼 사방에 뿌려지고 툭, 조용해집니다. 깨졌던 침묵이 봉합되는 순간에 침묵은 더 깊어지는 것 같습니다.

침묵에서는 어떤 냄새가 날까. 무슨 맛일까. 비린내가 날 것 같고 신맛일 것 같다는 생각을 하다가 잠자리에서 일어나 유리창을 엽니다. 아카시아 꽃 달콤한 냄새가 방으로 쏟아져 들어옵니다. 유리창에 밤새 쳐져 있던 아카시아 꽃향기 커튼이 찢어졌나 봅니다. 콧숨을 짧고 빠르게 끊어 쉬며 달콤한 향을 음미하다가 폐를 최대로 부풀리며 향기를 빨아들여봅니다. 가슴이 시원해집니다. '꽃향기 침략에 몸이 공중으로 떠오르네'라고 혼자 중얼거려봅니다.

_ 함민복, 《미안한 마음》, 대상, 2012, 34쪽

침묵은 소리의 부재가 아니라 차라리 고요의 충만이다. 비어 있음의 충일이고 그 충일 속에서 일어나는 기쁨의 만개 현상이다. 침묵은 소리로 말미암아 세상에 드러난다. 도시에 사는 이들은 누릴 수 없는 삶의 보람이고, 시골에 사는 이들도 아주 가끔씩만 누리는 삶의 사치다.

느린 걸음이 가져다주는 것들

등산화의 끈을 조이고, 허정거리는 걸음으로 느릿느릿 걷기 시작한다. 그때 내 눈에 들어오는 풍경은 사방천지 초록이거나, 알록달록한 단풍이거나, 아니면 눈 덮여 눈부신 풍경 사이로 헐벗은 나뭇가지들이 죽죽 벋어 있을 수도 있다. 그 풍경 속을 그저 느릿느릿 걷는다. 어느 겨를에 머리카락 가닥 사이로 바람의 손길이 느껴지고, 돌멩이가 들어찬 듯 무겁던 머리가 거뿟해진다. 내 몸에 들어앉아 마구 들쑤시고 조이고 헤집던 질병도 천지의 고요에 저절로 숨을 죽이는 듯 가라앉는다. 허정거리던 다리도 제법 힘이 붙은 듯 제 리듬을 찾는다. 걷다가 지치면 길섶이나 벤치에 앉아 보온병에 든 차를 마시고, 다시 걷다가 이제 되었다 싶으면 민박집으로 들어와 설핏한 잠에 들고, 그러다 다시 깨어나면 나가서 걷고…… 그렇게 1박 2일 또는 2박 3일쯤 지내고 나면 몸 안의 탁하고 오래 묵은 기운들이 빠져나가고 산바람처럼 맑은 무엇이 들어찬 듯하다. 다시 도시로 돌아가 살아낼 힘을 얻은 듯하다.

_ 이혜경, 《그냥 걷다가, 문득》, 강, 2013, 72쪽

마음이 바빠서 제자리를 찾지 못하고 들떠 있을 때 몸과 마음은 서로 어긋나 좀처럼 하나로 겹쳐지지 않는다. 둘은 한 몸에 있되 둘이다. 하나가 둘로 나뉘어 어긋날 때 몸이 시끄럽다. 몸 안의 탁한 기운이 이곳저곳을 들쑤시고 조이고 헤집는 것이 질병이다. 그 묵고 탁한 기운 대신 맑은 기운이 몸에 차오를 때 몸은 활력을 얻는다. 숲과 나무들, 시냇물과 바람은 묵고 탁한 기운을 풀어내는 데 힘을 보탠다. 본디 몸은 자연이라는 모태에서 떨어져 나온 태아이기 때문이다.

두려움이란 용기의 부족이 아니라
제 인생에 대한 자존과
사랑의 부족에서 생겨난 감정이다.
제 인생을 끔찍이 사랑한다면
없던 용기도 생기는 법이다.

빛 항아리

빛 항아리靑銅(파리 마레 지구 생폴 빌라주 정원 중고가게에서 구입) : 그것은 어디에서 비롯되었는지 모른다. 티베트 기슭에서 어느 날 문득 굴러 내려왔는지, 몽고 초원 돌무지 속에서 어쩌다 끄들려 나왔는지. 그것은 그리 중요하지 않다. 빛에서 왔고 바람에서 왔다고 하면 된다. 아폴론의 햇빛으로 구워지고 초원의 초록 바람으로 단련되었다고 보면 된다. 나는 매일 눈을 뜨면서 그것을 본다. 순한 양 같기도 하고 웅비를 꿈꾸는 새끼 맹호 같기도 한 동물 형상이 항아리 뚜껑 손잡이에 달려 있다. 긴 여행에서 돌아오면서 제일 먼저 그것을 가방에서 꺼내 피아노 위에 올려놓았다. 그날 이후 그것은 흰 벽에 기대놓은 암갈색 목재 피아노 위에 순한 양이 되어 아니 새끼 맹호가 되어 앉아 있다. 아침이면 나는 창문을 열듯이 그것의 뚜껑을 연다.

_ 함정임, 《하찮음에 관하여》, 이마고, 2002, 28쪽

사람은 사물 없이 한순간도 살 수 없다. 사물들은 우리의 필요와 욕망을 감당한다. "실제로 우리는 욕망, 일, 여가, 이동, 일상생활 등 모든 것을 사물에 의존하고 있다."(로제 폴 드루아, 《사물들과 함께 하는 51가지 철학 체험》) 견고한 사물들은 사람보다 더 오래 존재한다. 한 사람의 죽음은 사물의 세계에 어떤 영향도 미치지 못한다. 사물이 삶에 미치는 영향에 견줘본다면 이것은 매우 놀라운 일이다.

이 풀더미를 한 평만 떼어다

아침에 태풍이 지나가면서 많은 비를 뿌린 뒤라 산골짜기에는 계곡물이 콸콸 흐르고 있었다. 도랑 근처에는 온갖 종류의 여뀌와 고마리가 잔뜩 꽃을 피운 채 곳곳에서 급류에 무더기로 흐느적거리고 있더구나. 어제 봉정사에 오를 때 눈에 가장 신선하게 들어온 풀꽃은 물봉선이었다. 봉숭아꽃을 닮았지만 봉숭아보다 훨씬 강렬하고 야성미가 넘쳐나는 꽃이지. 습지와 도랑에 많이 자라는데 산에 오르면서 가장 맘이 쏠리는 꽃이었지. 물봉선 사이사이로 그와 비슷한 붉은 꽃이 자주 눈에 띄길래 자세히 보니 배곯은 며느리가 밥알을 물고 죽은 자리에 피어났다는 며느리밥풀꽃이었다. 절 위쪽의 요사채로 오르는 길목에는 2년 전처럼 머위가 가득 자라고 있었다. 그때 머위 한 뿌리를 캐 와서 원예부 꽃밭에 심었더니(당시엔 봄) 가을에 녀석들이 엄청나게 번져서 그것을 뜯어다 된장을 풀어 머윗국을 끓여 먹은 기억이 난다. 산에 사는 스님들은 참 좋겠다. 지천으로 깔려 있는 온갖 신선한 야생초를 사시사철 맛볼 수 있으니 말이야.

_ 황대권, 《야생초 편지》, 도솔, 2012, 43~44쪽

작은 풀꽃들을 측은지심을 갖고 바라보라. 풀꽃들이 사랑스럽지 않은가? 그것들은 "온갖 금은보화가 가득한 신비의 곳간"이 내놓은 찬란한 생명들이 아닌가? 아무리 하찮은 것이라 할지라도 생명은 저마다 존엄으로 빛난다. 생명은 그 자체로 존귀하다. 생명 하나하나가 다 우주의 약동이고 정수인 까닭이다.

산마을 이웃들

방문객이 적지 않다. 그중에는 혼자서 오는 사람이 있고, 두셋이 혹은 여럿이 함께 오는 사람도 있다. 한나절 머물다 가는 이가 있는가 하면, 하루 혹은 며칠씩 쉬어 가는 사람도 있다. 하루 두세 팀이 겹치는 날도 있다. 이렇게 방문객이 많은 편이지만 홀로 지내는 날도 결코 적지 않다. 어떤 때는 대엿새씩, 열흘씩 사람을 못 볼 때가 있다. 전화 한 통 거는 사람이 없어 며칠씩 말 한마디 안 하고 지낼 때도 있다. 그럴 때는 전화벨 소리만 들어도 반갑다. 나무도 좋고 산도 좋지만 사람도 역시 좋다.

반가워 부리나케 달려가 받아 보면 때로 모르는 사람일 때도 있다. 가끔 물건을 팔기 위해 전화를 거는 사람도 있다. 하지만 실망은 잠시, 얼굴도 모르고 내게는 조금도 필요가 없는 물건이지만 내 목소리는 상냥하다. 나는 끝까지 내가 놀랄 정도로 친절하다. 그것은 추운 겨울에는 누구나 절로 해를 반기는 것처럼 내가 사람을 그리워하고 있다는 방증이었다.

_ 최성현, 《그래서 산에 산다》, 시루, 2020, 241쪽

사람은 사람 속에서 비로소 사람이다. 저 혼자는 아무것도 아니다. 저 혼자 있을 때 사람은 제 자신의 감옥이다. 누군가가 그토록 반갑고 그리운 것은 그로 인해 비로소 제 자신의 감옥에서 풀려나올 수 있는 까닭이다. "나무도 좋고 산도 좋지만 사람도 역시 좋다." 옳거니, 혼자인 세상보다 더불어 함께 사는 세상이 좋은 세상이다.

나를 치유하는 글쓰기

좋은 글은 꿈, 기억, 상상력을 뒤섞고 발효할 때까지 진득하니 기다려야 나온다. 경험을 살피고, 내면에서 울려 나오는 목소리를 들어야 하며, 삶의 모든 찰나들에서 새로운 통찰을 이끌어내야 한다. 이를 위해 필요한 것이 인내와 기다림이다. 글을 쓰려면 기다리고, 기다리고, 또 기다려야 한다. 기다림은 에너지를 집중하기 위함이다. 준비가 되었다면, 첫 문장은 머뭇거리지 말고 과감하게 써라. 화살이 활시위를 떠나듯이. 혹은 갑자기 말문이 터진 벙어리 소녀가 말을 쏟아내듯이. 다만 자만심이나 나태함과는 결별하라. 먹잇감을 노리는 뱀처럼 주의를 집중하고, 비둘기처럼 날개를 펼쳐 공중으로 도약하라. 언제나 사물과 세계를 처음 바라보는 자의 경이로움을 갖고 써라.

_ 장석주, 《나를 살리는 글쓰기》, 중앙북스, 2018, 106~107쪽

과녁을 꿰뚫은 화살은 꼬리를 부르르 떤다. 마침내 해냈구나! 스스로 해낸 것을 기꺼워하며 감동으로 전율하는 것이다. 제대로 된 문장을 쓰는 것도 그와 같다. 화살이 과녁을 명중하듯 어휘 하나하나가 적확하게 핵심을 꿰뚫어야 한다.

매화

매화는 어느 꽃보다 유덕한 그 암향이 좋다 합니다.

백화百花가 없는 빙설리氷雪裏에서 홀로 소리쳐 피는 꽃이 매화밖에 어디 있느냐 합니다.

혹은 이러한 조건들이 매화를 아름답게 꾸미는 점일는지도 모르겠습니다.

그러나 내가 매화를 사랑하는 마음은 실로 이러한 많은 조건이 멸시蔑視된 곳에 있습니다.

그를 대하매 아무런 조건 없이 내 마음이 황홀하여지는 데야 어찌하리까.

매화는 그 둥치를 꾸미지 않아도 좋습니다. 제 자라고 싶은 대로 우뚝 뻗어서 제 피고 싶은 대로 피어오르는 꽃들이 가다가 훌쩍 향기를 보내기도 하고 또 어느 때는 제가 방 한구석에 있는 체도 않고 은사隱士처럼 겸허하게 앉아 있는 품이 그럴 듯합니다.

_ 김용준, 《근원수필》, 범우사, 2010, 14~15쪽

꽃은 어딘가 숨어 있던 마음들이 나타나는 것이다. 꽃이 반갑고 기쁜 것은 그 때문이다. 그중에서도 매화는 "빙설 속에서 홀로 소리쳐 피는 꽃"이다. 모든 꽃들이 추위에 움츠러들어 있을 때 매화만이 홀연히 피어 공중에 향을 퍼뜨리는 것이다.

마당에 눕다

우리는 마당에 누워서 누구나 우리 몸 가운데서 제일 넓적하고 무던한 등으로 대지와 편안하게 만난다. 이렇게 대지와 맞닿은 넓적한 등의 느낌은 늘 넉넉함을 지닌 평평함이다. 그리고 우리는 이렇게 누워 우리의 몸에서 가장 따스하고 여성적인 가슴으로 하늘을 맞이한다. 이처럼 하늘과 땅 사이에서 등을 대지에 붙이고 가슴은 하늘로 무한히 열어놓고 있노라면, 우리는 조금 거창한 말이기는 하나 때로 진정 우주적 존재로서 천지공사天地公事에 참여하는 것 같은 큰 느낌에 젖으며 감격하기도 한다. 앞에서 말했지만 이런 느낌은 너무 거창한 게 사실이다. 그렇지만 묵중한 대지에 등을 대고 하늘을 사심 없이 맞아들이고 있노라면, 우주가 '합심하여 선善을 이루는' 천지공심天地公心의 세계를 감득할 수 있으며, 우리의 생명도 하늘과 땅 사이에서 최초인 듯, 최후인 듯, 조화 속에서 화평해지고 유순해지는 것을 느낄 수 있다. 이런 신화적 경험은 어른이 된 뒤에도 언제나 놀랍고 새로운 기억으로 떠오른다.

_ 정효구, 《마당 이야기》, 작가정신, 2008, 22~23쪽

마당은 대지의 일부가 아니라 고결한 삶의 일부로 귀속한 땅이다. 마당이 있는 집이 좋다. 무엇보다도 마당은 유순하고 모계 혈통같이 친근하게 끌린다. 어느 여름날 아침잠에서 깨어 바라본 시골집 마당을 잊을 수가 없다. 누군가 빗자루로 청소한 마당은 "하늘과 땅 사이에서 최초인 듯", 순결한 청년의 이마인 듯 빛났다.

물살을, 삶을 헤치는 법

세상은 언제나 내가 두렵게 그 앞에 섰던 큰물 같았다. 두려우면서도 세차게 마음을 끌며 나를, 우리를 불렀다. 그러나 두려움을 이기며 내 스스로 헤쳐가야 하는 곳이자, 헤쳐갈 수 있는 곳이기도 했다. 모질게 공부만 하는 작고 여린 딸이 안쓰럽고 헤어질 때는 서운하다. 그러나 든든하다. 그렇게 어렸을 적에도 제법 큰 강 하나를 건너보았는데, 마음만 먹으면 세상의 무슨 강을 이제 어떻게든 못 건너겠는가.

_ 전영애, 《인생을 배우다》, 청림출판, 2025, 51쪽

누구에게나 인생이란 기어코 건너야 할 큰 강물 같다. 큰 강물을 두려워하며 못 건너는 사람이 있는가 하면, 누군가는 두려움을 떨쳐내고 강물에 뛰어들어 건너간다. 이때 두려움이란 용기의 부족이 아니라 제 인생에 대한 자존과 사랑의 부족에서 생겨난 감정이다. 제 인생을 끔찍이 사랑한다면 없던 용기도 생기는 법이다.

2

거대한 폭풍 앞에서 길을 잃었을 때

_ 인생을 깨우쳐주는 명문장

밥벌이를 직업으로 삼지 마라

사람들이 수레와 헛간으로 피할 때 그대는 구름 밑으로 대피하라. 밥벌이를 그대의 직업으로 삼지 말고 도락으로 삼으라. 대지를 즐기되 소유하려 들지 마라. 진취성과 신념이 없기 때문에 사람들은 그들이 지금 있는 곳에 머무르면서 사고팔고 농노처럼 인생을 보내는 것이다.

_ 헨리 데이빗 소로우,《월든》, 강승영 옮김, 은행나무, 2011, 312쪽

농노처럼 살며 제 평생을 흘려보내는 것은 쓸쓸한 일이다. 농노는 제 시간과 인생을 제 마음대로 쓰지 못한다. 그건 그가 자유인이 아닌 까닭이다. 그는 누군가에 예속된 채로 부림을 받아야만 한다. 오직 자유인만이 타인의 눈치를 보지 않고 천부의 자유를 누리며 제 삶의 궁극과 의미를 헤아리며 살 수가 있다. 그런 까닭에 혜안을 가진 철학자는 우리에게 "밥벌이를 직업으로 삼지 말고 도락으로 삼으라"고 이른다.

우리의 과거는 지난 생이 쌓은 가치이자 자산이다

자신의 과거를 강압과 고난의 소산으로 바라볼 줄 아는 사람만이 그 과거를 현재의 순간에 최고로 가치 있게 만들 줄 알 것이다. 우리가 살았던 과거는 기껏해야 운반 중에 사지가 잘려나간 아름다운 형상에 비유할 수 있을 뿐이기 때문이다. 그 형상은 이제 우리가 우리의 미래의 상을 조각해내야 할 소중한 덩어리 이외의 아무것도 아닌 것이다.

_ 발터 벤야민,《일방통행로/사유이미지》, 김영옥·윤미애·최성만 옮김, 길, 2007, 117쪽

과거라는 감옥에 갇힌 채 인생을 사는 사람은 불행하다. 과거는 이미 지나간 시간 속에서 벌어진 일이고, 지금은 추상이며 관념에 지나지 않는다. 과거에 지나치게 집착하지 마라. 과거를 미래를 빚는 질료이거나 동력의 덩어리라고 여기는 사람만이 지혜롭다. 한 줌의 지혜라도 있다면 흘러간 과거를 등지고 미래를 향해 나아갈 일이다.

눈물 젖은 빵을 먹어보지 못한 사람

눈물로 젖은 빵을 먹으며
슬픔에 가득 차 잠 못 이루어
밤새 울며 지새운 적 없는 사람은
그대들을 알지 못하리! 천상의 힘들이여!

_ 요한 볼프강 폰 괴테,《빌헬름 마이스터의 수업시대》, 곽복록 옮김, 동서문화사, 2016, 128쪽

괴테는 "눈물 젖은 빵을 먹어보지 못한 사람과는 인생을 얘기하지 마라. 울먹이며 다음날을 기약하면서 캄캄한 절망의 시간을 겪어보지 못한 사람은 끝내 어두운 힘을 모를 테다"라고 썼다. 젊었을 때는 예사로 굶었다. 눈물 젖은 빵을 좋아했던 건 아니다. 그걸 굳이 피하려고 하지는 않았다. 나는 낙관보다 비관에 더 재능을 발휘하는 사람이고, 희망보다 절망을 더 많이 가진 사람이었다. 나는 인생의 어두운 힘을 겪은 사람이다. 그랬으니 인생이 숨기고 있는 비극과 그늘에 더 민감한 촉수를 갖게 되었다. 절망이 내 인생을 노크할 때 그걸 회피하지 않고 절망에 올라타서 그것을 넘어서려고 했다.

산다는 것은 무엇인가?

산다는 것은 고통의 날줄과 슬픔의 씨줄로 짜는 피륙이고, 고통과 슬픔이란 두 악기로 합주하는 이중주다. 고통이 항상 존재에 마이너스를 가져오는 나쁜 경험은 아니다. 지혜로운 사람은 고통을 더 나은 삶을 위한 경험이 되게 한다. 고통과 슬픔의 심연에서 나오는 저 지혜의 목소리에 귀를 기울여라!

_ 장석주, 《에밀 시오랑을 읽는 오후》, 현암사, 2023, 179~180쪽

내 인생이 마냥 순탄했다고 말할 수는 없다. 숱한 위기의 고비들을 넘기며 오늘에 닿았다. 불안과 무질서의 침식 속에서 탄식한 적도 있었다. 살고 보니, 산다는 것에는 본래 위험이 잠재되어 있다는 것쯤은 알게 되었다. 위험과 불안은 인생의 상수다. 그러니까 그것들과 맞닥뜨릴 때 엄살을 부릴 까닭은 없다. 오라, 인생이여, 다시 한 번 더!

사람은 누구나 자기 자신에게로 이르는 길

인생은 모두 자기 자신에게 이르는 길이다. 길의 시도, 오솔길에의 암시이다. 일찍이 어느 누구도 완전히 그 자신이었던 적은 없다. 그럼에도 불구하고 누구나 그렇게 되고자 애쓴다. 어떤 사람은 희미하게, 어떤 사람은 좀 더 명료하게, 각자 능력껏.

_ 헤르만 헤세, 《데미안》, 이영임 옮김, 을유문화사, 2013, 8~9쪽

아직 머리가 여물지 못한 어린 시절에 《데미안》을 읽었다. 청년 싱클레어가 겪은 일들과 혼란스런 감정에는 공감했지만 데미안이란 존재는 미스터리했다. 소설의 모호함에도 불구하고 어떤 부분에서는 열광하며 읽었다. 청소년의 눈에 비친 데미안은 멋있는 존재였다. 나이 들어 다시 읽었을 땐 내가 열광했던 부분들에는 덤덤했고 오히려 그 전에 지나쳤던 구절들이 눈에 새롭게 들어왔다. 작가가 이 소설을 통해 전하려는 메시지가 생각보다 심오하다고 느꼈다. 다음에 다시 읽으면 그 느낌이 또 달라지려나?

봄의 속삭임

아이들은 봄이 무슨 말을 하는지 알지.
살아라, 자라라, 꽃 피워라, 희망하라, 사랑하라,
기뻐하라, 새싹을 틔워라,
몰두하라, 그리고 삶을 두려워하지 마라.

늙은이들도 봄이 무슨 말을 하는지 알지.
늙은이여, 네 몸을 땅에 묻어라,
활기찬 소년들에게 자리를 양보해라.
몰두해라, 죽음을 두려워 마라.

_ 헤르만 헤세, 〈봄의 속삭임〉

세상에 봄을 예찬하는 시들은 많다. 그중 헤르만 헤세의 〈봄의 속삭임〉보다 더 좋은 시를 찾기는 쉽지 않다. 활기찬 소년들아, 봄의 들판에 나가보라! 그리고 봄의 들판이 우리 귀에 대고 속삭이는 소리를 들어라! "살아라, 자라라, 꽃 피워라, 희망하라, 사랑하라, 기뻐하라, 새싹을 틔워라." 이런 봄의 속삭임을 들으면 죽어가던 사람도 벌떡 일어날 것만 같다.

뼛속까지 내려가서 써라!

편집하려 들지 말라. 설사 쓸 의도가 없는 글을 쓰고 있더라도 그대로 밀고 나가라. 철자법이나 구두점 등 문법에 얽매이지 말라. 여백을 남기고 종이에 그려진 줄에 맞추려고 애쓸 필요 없다. 마음을 통제하지 말라. 마음 가는 대로 내버려 두어라. 생각하려 들지 말라. 논리적 사고는 버려라.

더 깊은 핏줄로 자꾸 파고들라, 두려움이나 벌거벗고 있다는 느낌이 들어도 무조건 더 깊이 뛰어들라. 거기에 바로 에너지가 있다.

_ 나탈리 골드버그, 《뼛속까지 내려가서 써라》, 권진욱 옮김, 한문화, 2018, 26쪽

세상에는 숱한 글쓰기 교재들이 나와 있다. 그중 나탈리 골드버그의 책은 단박에 내 마음을 훔쳤다. 그동안 나는 수많은 글쓰기 강좌에서 글쓰기와 선 수행을 하나로 겹쳐 말하는 이 책을 읽으라고 추천했다. "말할 때는 오로지 말속으로 들어가라, 걸을 때는 걷는 그 자체가 되어라, 죽을 때는 죽음이 되어라." 글이 안 써질 때는 "뼛속까지 내려가서 써라!"라는 말을 곰곰 곱씹어 본다. 여기에 무슨 말을 덧붙일 필요가 있을까?

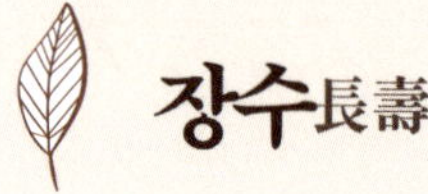

장수長壽

30년 전이 조금 아까 같을 때가 있다. 나의 시선이 일순간에 수천 수 만 광년 밖에 있는 별에 갈 수 있듯이, 기억은 수십 년 전 한 초점에 도달할 수 있는 까닭이다.

그러나 나와 그 별 사이에는 희박하여져 가는 공기와 멀고 먼 진공이 있을 뿐이요, 30년 전과 지금 사이에는 변화 곡절이 무상하고 농도 진한 '생활'이라는 것이 있다. 이 생활 역사를 한 페이지 읽어 보면 일 년이라는 세월은 긴긴 세월이요, 하룻밤, 아니 5분에도 별별 사건이 다 생기는 것이다. (…)

예전을 추억하지 못하는 사람은 그의 생애가 찬란하였다 하더라도 감추어 둔 보물의 세목細目과 장소를 잊어버린 사람과 같다. 그리고 기계와 같이 하루하루를 살아온 사람은 그가 팔순을 살았다 하더라도 단명한 사람이다. 우리가 제한된 생리적 수명을 가지고 오래 살고 부유하게 사는 방법은 아름다운 인연을 많이 맺으며 나날이 적고 착한 일을 하고, 때로 살아온 자기 과거를 다시 사는 데 있는가 한다.

_ 피천득, 《인연》, 샘터, 2007, 79~80쪽

추억은 누구도 훔쳐갈 수 없다. 그것은 우리의 소중한 재화財貨다. 추억이 많은 사람이 진짜 부자다. 추억 속에 아름다운 인연과 찬란한 생활이 깃들어 있다면 그는 가난할지라도 유복한 사람이다. 추억이 빈곤하다면 그 삶은 짧고 가난한 삶이요, 추억이 많다면 그 삶은 길고 풍요로운 삶이다.

그릇을 깨뜨린 사람만이

더 큰 그릇을 만들 수 있는 법이다.

큰 예술가는 작은 성공에 만족해서

그것에 머무는 법이 없다.

살면서 죽음을 기억하라

타오르는 촛불이 초를 녹이듯

우리 영혼의 삶은 육체를 스러지게 한다.

육체가 영혼의 불꽃에

완전히 타버리면 죽음이 찾아온다.

삶이 선하다면 죽음 역시 선하다.

죽음이 없다면 삶도 없기 때문이다.

죽음은 우리와 세상, 우리와 시간 사이의

연결을 끊어놓는다.

죽음 앞에서

미래에 대한 질문은 아무런 의미도 없다.

조만간 우리 모두에게

죽음이 찾아오리라는 사실은 누구나 알고 있다.

잠잘 준비, 겨울 날 준비는 하면서

죽을 준비를 하지 않는 까닭은 무엇인가.

올바로 살지 못하며

삶의 법을 깨뜨린 사람만이

죽음을 두려워한다.

죽음에 대해 너무 많이 생각할 필요는 없다.

살면서 죽음을 기억하면 된다.

그렇게 하면 삶은 진지하고 즐거우리라.

_ 레프 톨스토이,《살아갈 날들을 위한 공부》, 이상원 옮김, 위즈덤하우스, 2025, 150~151쪽

삶이 시작하는 순간부터 죽음은 삶의 내부에서 눈뜬다. 우리는 그 죽음을 벗어날 수 없다. 사람은 필연적으로 죽음을 향하여 있는 존재다. 그러나 크게 비관할 필요는 없다. 죽음은 삶의 순간들을 빛나게 만든다. 이런 죽음의 유용성 때문에 스티브 잡스는 "죽음이야말로 삶의 가장 위대한 발명품"이라고 했을 것이다. 살면서 죽음을 잊지 마라. 죽음을 기억하는 일은 삶을 썩지 않게 만드는 천연 방부제다.

탐욕의 어리석음에 대하여

탐욕은 전 세계를 통틀어 가장 환상적이고 모순적인 질병이다. 이것은 끝없이 증가하는 식욕과 같으며 결코 만족할 줄 모른다. 이는 목적 없이 재산을 부풀리기만 하고 자신의 용도를 점점 잃어 간다. 교환이나 적선의 도구로서가 아닌 돈, 자신 또는 가난한 자를 먹이기 위한 것이 아닌 곡식, 형제와 자신의 옷을 짓기 위한 것이 아닌 양모, 고통받는 자들의 슬픔을 달래기 위한 것이 아닌 포도주, 때때로 우울한 분위기를 밝히는 것이 아닌 기름…… 바보들은 이러한 모든 것들을 우러러보고 화제로 삼으며 이런저런 궁리 끝에 중요성을 부여하고 놀라워한다. 그리하여 살아 있는 동안 그는 부자로 불릴지 모른다. (제러미 타일러)

_ E.F. 슈마허 외 지음, 골디언 밴던브뤼크 엮음, 《자발적 가난》, 이덕임 옮김, 그물코, 2006, 48~49쪽

탐욕은 생물학적 생존에 필요한 것 이상을 원하는 것이다. 남의 몫까지 넘보고 그것을 욕심내는 것이다. 탐욕은 질병이다. 탐욕에 빠진 자는 내면에서부터 부패하기 시작하니까. 모든 부패가 그렇듯이 그것은 악취를 풍긴다. 탐욕의 악취는 멀리까지 퍼져 나가 진동한다. 다만 그 자신만 그 악취를 알아채지 못한다.

태어나기에 좋은 날이라면, 그 날은 죽기에도 좋은 날이다

몸과 마음이 제대로 움직이고 정신이 멀쩡하며 모든 감각이 살아 있을 때 죽음을 맞는 인간은 행복하다. 그러나 누가 그렇게 한창 건강할 때 죽기를 바라겠는가? 해가 뜨는 것을 보고 즐거움을 느끼고, 위대한 미술품과 아름다운 음악을 감상할 능력이 있을 때 누가 죽기를 바라겠는가.

사람들은 자신이 위대한 업적을 달성할 수 없다는 것을 알면서도 희망을 잃지 않고 살아간다. 자식들이 결혼을 하고 나면 손자를 기다리고, 그다음에는 증손자 보기를 기대한다. 위대한 발견을 이루면 또 다른 발견을 바라고 또 다른 산, 또 다른 바다를 오르고 건너고 싶어 한다.

우리는 최후의 순간까지 죽음을 무시하고 희망을 붙안고 불평하면서 살아간다. 그 순간까지 우리의 삶은 두려움의 연속이다.

우리에게 필요한 것은 과연 무엇인가? 살아가는 데에 방식이 있듯이 죽는 데에도 방식이 있다.

_ M.V. 카마스, 《위인들의 마지막 하루》, 이옥순 옮김, 사과나무, 2005, 8~9쪽

태어나기 좋은 날은 죽기에도 좋은 날이다. 웰다잉(행복한 죽음)과 웰빙(좋은 삶)은 다르지 않다. 그것은 이음동의어다. 정신이 멀쩡하다면 잘 죽는 방식에 대해 궁구해야 한다. 잘 죽는 것이야말로 잘 사는 것이기에 그렇다.

마음 속 풍경

나이가 들면, 기억력이나 상상력은 어쩔 수 없이 줄어들지만, 지혜라 불리는 판단력은 잘 익어가는 과일처럼 상당히 오래 지속된다. 나도 지금은 젊었을 때와 내면 풍경이 크게 다르다. 젊었을 때의 마음속 풍경은 강렬한 원색들로 가득했는데, 지금은 빛깔이 훨씬 흐릿하다. 높았던 야심의 산줄기가 낮은 언덕으로 풍화되었고, 기억의 골목마다 깨어진 꿈들의 조각들이 발길에 채인다. 아쉽게도, 득의의 기억들은 세월에 쉽게 바래지는데, 그 많은 부끄러운 기억들은 여전히 생생하다. 그래서 그런지, 나이가 들수록, 얻지 못한 사랑의 기억은 흐릿해지는데, 받아들이지 못한 사랑의 기억은 오히려 비바람을 견딘 바위 언덕처럼 오롯이 남는다. 젊었던 내 마음이 넉넉지 못했다는 사실이 점점 또렷해지면서, 부끄러움과 회한이 뒤섞여 가슴에 불그스레한 거품을 남긴다.

_ 복거일, 《삶을 견딜 만하게 만드는 것들》, 다사헌, 2014, 19~20쪽

젊음이 원색이라면 노경은 무채색이다. 젊음은 패기와 활력에서 돋보이지만 노경은 달관과 체념의 지혜로 원숙함에 도달한다. 젊음이 항상 옳은 것만은 아니다. 오히려 노경이 잘 익어가는 과일 같은 경륜과 원숙함으로 인해 존경을 받는다. 그러니 득의의 기억들이 바래진다고 탓할 것만은 없다. 잃는 게 있으면 얻는 것도 있는 법이다.

결혼에 대하여

그러자 알미트라는 또다시 물었다. 그러면 스승이여, 결혼이란 무엇입니까?

그는 대답했다.

그대들은 함께 태어났으며, 또 영원히 함께 있으리라.

죽음의 흰 날개가 그대들의 생애를 흩어 사라지게 할 때까지 함께 있으리라.

아, 그대들은 함께 있으리라, 신의 말 없는 기억 속에서까지도.

허나 그대들의 공존에는 거리를 두라, 천공의 바람이 그대들 사이에서 춤추도록.

서로 사랑하라, 허나 사랑에 속박되지는 말라.

차라리 그대들 영혼의 기슭 사이엔 출렁이는 바다를 놓아두라.

서로의 잔을 채우되, 어느 한편의 잔만을 마시지는 말라.

서로 저희의 빵을 주되, 어느 한편의 빵만을 먹지는 말라.

함께 노래하고 춤추며 즐거워하되, 그대들 각자는 고독하게 하라.

비록 하나의 음악을 울릴지라도 저마다 외로운 기타 줄들처럼.

서로 가슴을 주라, 허나 간직하지는 말라.

오직 삶의 손길만이 그대들의 가슴을 간직할 수 있다.

함께 서 있으라, 허나 너무 가까이 서 있지는 말라.

사원의 기둥들도 서로 떨어져 서 있는 것을.

참나무와 사이프러스나무도 서로의 그늘 속에선 자랄 수 없다.

_ 칼릴 지브란, 《예언자》, 강은교 옮김, 문예출판사, 2000, 25~27쪽

간혹 주례를 맡는 경우가 있는데, 그때마다 이 시를 읽어준다. "서로의 잔을 채우되, 어느 한편의 잔만을 마시지는 말라." "함께 노래하고 춤추며 즐거워하되, 그대들 각자는 고독하게 하라." 젊은 날엔 이 구절을 온전하게 이해할 수가 없었다. 모든 것을 함께해야만 한다고 믿었던 것이다. 사랑으로 상대를 구속하려고 했다. 이는 어리석은 짓이다. 각자의 고독 속에서 각자의 생이라는 꽃을 피워야 한다. 사랑에 단 하나의 의무가 있다면, 자신의 꽃으로 상대를 행복하게 만들어야 하는 것이다. 모든 결혼하는 이들에게 읽어주고 싶은 시다.

두 번은 없다

두 번은 없다. 지금도 그렇고
앞으로도 그럴 것이다. 그러므로 우리는
아무런 연습 없이 태어나서
아무런 훈련 없이 죽는다.

우리가, 세상이란 이름의 학교에서
가장 바보 같은 학생일지라도
여름에도 겨울에도
낙제란 없는 법.

반복되는 하루는 단 한 번도 없다.
두 번의 똑같은 밤도 없고,
두 번의 한결같은 입맞춤도 없고,
두 번의 동일한 눈빛도 없다.

어제, 누군가 내 곁에서
네 이름을 큰 소리로 불렀을 때,
내겐 마치 열린 창문으로

한 송이 장미꽃이 떨어져 내리는 것 같았다.
오늘, 우리가 이렇게 함께 있을 때,
난 벽을 향해 얼굴을 돌려버렸다.
장미? 장미가 어떤 모양이었지?
꽃이었던가, 돌이었던가?

힘겨운 나날들, 무엇 때문에 너는
쓸데없는 불안으로 두려워하는가.
너는 존재한다—그러므로 사라질 것이다
너는 사라진다—그러므로 아름답다

미소 짓고, 어깨동무하며
우리 함께 일치점을 찾아보자.
비록 우리가 두 개의 투명한 물방울처럼
서로 다를지라도…….

_ 비스와바 쉼보르스카, 《끝과 시작》, 최성은 옮김, 문학과지성사, 2021, 33~34쪽

당신과 나는 두 개의 물방울만큼이나 비슷하지만 또한 다르다. 우리는 달라서 그 다른 점에 매혹을 느끼고 사랑에 빠졌다. 그 다름이 다툼의 원인이 되고 그로 인해 헤어지기도 한다. 기억하라, 두 번의 똑같은 밤은 없고, 두 번의 똑같은 입맞춤도 없다. 우리는 다름 속에서 다름으로 살다가 죽는다. 그 다름에서 사랑이 싹트고 그 다름 때문에 애틋해지는 것이다.

대나무 잎에 쌓인 눈처럼

"발사에 대해 생각하지 마십시오. 그러면 실패할 수밖에 없습니다!"

선생님은 나에게 충고했다.

"어쩔 수가 없습니다. 너무 힘들어서 더 이상 당기고 있을 수가 없어요."

"당신이 진정 자신으로부터 벗어나지 못했기 때문에, 그렇게 느끼는 겁니다. 알고 보면 아주 간단한 것입니다. 어떻게 해야 하는지 보통의 대나무 잎을 보면 알 수 있습니다. 눈이 쌓이면 대나무 잎은 점점 더 고개를 숙이게 되지요. 그러다가 일순간 대나무 잎이 전혀 흔들리지 않는데도 눈이 미끄러져 떨어집니다. 이와 같이 발사가 저절로 이루어질 때까지 최대로 활을 당긴 상태에 머물러 있으세요. 간단히 말하면 이렇습니다. 최대로 활이 당겨지면, 발사가 저절로 이루어져야 합니다. 발사는 사수가 의도하기도 전에, 마치 대나무 잎에 쌓인 눈처럼 사수를 떠나가야 합니다."

_ 오이겐 헤리겔, 《마음을 쏘다, 활》, 정창호 옮김, 걷는책, 2012, 77~78쪽

궁사는 화살이 과녁에 명중되기를 바란다. 뛰어난 궁사들은 활쏘기에 온전히 몰입한다. 그러나 발사에 집중할수록 화살은 과녁을 빗나간다. 잘못된 집중 탓이다. 집중은 생각을 많이 함이 아니다. 가장 훌륭한 집중은 생각에서 놓여남, 생각에서 자유로워짐이다. 집중의 절정은 무념무상이다. 생각에 어떤 의도도 비집고 들어설 틈이 없어야 한다. 화살은 의도 이전 자연스러운 가운데 발사되어야 한다. "마치 대나무 잎에 쌓인 눈"이 어느 순간 대나무 잎을 떠나 쏟아지듯!

사랑 없는 인생

사랑이 없는 인생, 곁에 사랑하는 사람을 두지 못한 인생은 여러 에피소드가 뒤섞인 '서랍식 희극' 즉, 서랍만 잔뜩 있는 시시한 연극에 지나지 않는다. 사람들은 서랍을 차례로 하나씩 열었다 닫고 서둘러 또 다음 서랍을 연다. 설령 근사한 일이나 의미 있는 일을 찾아냈다고 해도 그 모든 일이 결코 하나의 맥락으로 이어지지 않는다.

_ 요한 볼프강 폰 괴테, 데키나 오사무 엮음, 《괴테가 읽어주는 인생》, 김윤경 옮김, 흐름출판, 2014, 56쪽

사랑 없는 인생이란 시시한 연극과 같다. 지루하고 뻔한 연극을 보는 게 지겹듯, 사랑 없는 인생은 시시하고 지겹다. 사랑 없는 생을 사는 것보다는 차라리 죽는 게 더 나을지도 모른다. 사랑은 삶이 주는 선물이고 단 한 번의 생이 내리는 숭고한 명령이다. 사랑하라, 오직 그것에서 오는 기쁨에 집중하라. 그러면 인생이 의미로 충만해지리라.

아버지의 마음

바쁜 사람들도
굳센 사람들도
바람과 같던 사람들도
집에 돌아오면 아버지가 된다.

어린것들을 위하여
난로에 불을 피우고
그네에 작은 못을 박는 아버지가 된다.

저녁 바람에 문을 닫고
낙엽을 줍는 아버지가 된다.

바깥은 요란해도
아버지는 어린것들에게는 울타리가 된다.
양심良心을 지키라고 낮은 음성으로 가르친다.

아버지의 눈에는 눈물이 보이지 않으나,
아버지가 마시는 술에는 눈물이 절반이다.

아버지는 가장 외로운 사람들이다.

가장 화려한 사람들은

그 화려함으로 외로움을 배우게 된다.

_ 김현승, 《김현승 시전집》, 김인섭 엮음, 민음사, 2005, 312쪽

아버지는 저녁 바람에 문을 닫고, 마당에 떨어진 낙엽들을 치우는 사람이다. 아버지는 가장 외로운 사람들이라는 구절에서 울컥해진다. 아버지에게 자식이란 '타자화된 나'다. 아들들은 그 아버지를 보면서 자란다. 사춘기 때 나는 아버지와 사이가 좋지 못했다. 모든 아들들이 그렇듯이 아버지의 뜻을 소소하게 거스르고 아버지에게 맞서고 반항했다. 돌이켜보면 미숙하고 치기가 넘치던 시절의 일이다. 세월이 흘러, 장년이 되니 아버지의 외로움을 조금 알 듯하다.

“아니오”라고 말할 수 있는 용기

양심은 인간다움의 근원이며 존엄성의 바탕이기도 합니다.

양심은 가장 신성하고 거룩한 곳이기도 합니다.

양심에 따라 사람이 행동할 때, 악을 피하고 선을 행하며

스스로의 인격을 완성할 수 있습니다.

양심이 무너지면 인간이 무너집니다.

양심이 바로 설 때,

그때 인간의 모든 윤리적·도덕적 가치가 바로 설 수 있습니다.

비양심적인 곳에 진실이 있을 수 없습니다.

거짓뿐입니다.

양심의 자유는 인간의 모든 자유의 근원입니다.

모든 인권의 바탕입니다.

이렇게 양심은 인간성의 근원이요,

인간성의 발전과 완성의 바탕입니다.

양심의 존엄성과 그 자유는 누구로부터 침해받지 말아야 합니다.

양심을 물리적 힘 또는 심리적 억압으로 침해하고

그 본성을 파괴하면 그보다 더 큰 죄악이 없습니다.

_ 김수환, 《김수환 추기경의 고해》, 김영애 엮음, 다할미디어, 2010, 157~158쪽

"양심의 자유는 인간의 모든 자유의 근원"이라는 말에 공감한다. 양심의 자유가 지켜지는 곳에서만 모든 사람의 인권도 지켜낼 수가 있다. 양심이 무뎌진 사회에서는 뻔뻔함과 비열함, 악과 후안무치가 판을 친다. 그런 사회가 인간의 존엄을 귀하게 여길 리도 없다. 그런 사회는 살아 있는 사람이 불타 죽는 연옥이다.

그릇을 깨트리고

성공은 그릇이 가득 차는 것이고,

실패는 그릇을 쏟는 것이라고 합니다.

그러나 또 한편으로 생각하면

성공은 가득히 넘치는 물을 즐기는

도취임에 반하여,

실패는 빈 그릇 그 자체에 대한 냉정한 성찰입니다.

저는 비록 그릇을 깨트린 축에 속합니다만,

성공에 의해서는 대개 그 지위가 커지고,

실패에 의해서는 자주 그 사람이 커진다는 역설을 믿고 싶습니다.

_ 신영복, 《처음처럼》, 돌베개, 2016, 93쪽

그릇을 깨트린 사람만이 더 큰 그릇을 만들 수 있는 법이다. 큰 예술가는 작은 성공에 만족해서 그것에 머무는 법은 없다. 실패는 더 큰 성공으로 가기 위한 디딤돌이다. 더 큰 성공을 하려면 실패하고 실패하라. 실패하되 늘 더 잘 실패하려고 애써야 한다. 실패에 지지는 마라.

3

소중한 것들은 항상 곁에 있기에

_ 일상을 음미하게 해주는 명문장

여름의 문장들

나는 여름의 빛과 그늘을, 여름의 황혼을, 여름의 자두와 복숭아를, 여름의 센티멘털을, 여름의 무상급식을, 여름의 우연한 만남과 흑맥주를, 여름의 크레타 여행을, 여름의 키스를 다 좋아한다. (…) 녹음과 그늘은 우리를 위한 것. 살아 있는 건 다 눈부시다. 자기 자리를 꿋꿋하게 지키고 서 있는 것, 잘 자라는 건 눈물이 날만큼 다 고맙다.

_ 장석주, 《우리를 행복하게 하는 것들》, 을유문화사, 2019, 22~23쪽

젊은 날엔 여름이 주는 행복에 마냥 도취했다. 울울창창한 숲속 나무의 잎사귀들은 기름 바른 듯 반짝이고, 햇빛은 섬광처럼 번쩍인다. 우리는 먼 데 있는 푸른 바다를 향해 내달리며 생이 건네는 환희를 만끽한다. 생의 축복인 듯 가차 없이 쏟아지는 여름은 제 안의 허무와 권태를 무찌르는 도약하는 생의 절정인 한때다. 여름의 행복, 여름의 묘약(妙藥)을 모른 채 인생을 안다고 할 수는 없다.

그대 다시는 고향으로 돌아가지 못하리

우리의 고향은 특이한 건축물이나 유서 깊은 내력도 없는 소박한 곳일 수 있습니다. 그렇지만 외부인에게 그런 비판을 듣는다면 우리는 즉시 반발합니다. 그곳이 아무리 시시한 곳이라도 우리에겐 전혀 문제되지 않기 때문이겠죠. 나무에 오르고, 바닥이 갈라진 거리에서 자전거를 타고, 개울가에서 헤엄을 치던 어린 시절에는 그게 무슨 상관이었겠습니까. 어디서나 사람들은 자신들의 고향을 〈중심지〉 혹은 〈세계의 중심〉으로 간주하는 경향을 보입니다. 그저 친근함과 편안함, 보살핌과 안전에 대한 확신, 소리와 맛에 대한 기억, 공동의 활동과 세월이 쌓아온 아늑하고 기쁜 추억으로도 깊은 잠재의식 같은 고향에 대한 애착심은 생겨날 수 있습니다.

_ 이-푸 투안, 《공간과 장소》, 윤영호·김미선 옮김, 사이, 2020, 71~72쪽

이-푸 투안은 고향을 두고 "종족과 인종에게 생명을 부여한 성스러운 대지" 이자 "신의 구름과, 해와 폭풍우를 꿀꺽 삼켜 그것들과 더불어 신비로운 힘으로 우리 식탁에 놓을 빵과 포도주를 준비해"주는 곳이라고 정의한다. 다시 돌아가 제 머리를 뉘일 고향을 잃은 자들은 슬프다. 고향을 떠난 사람은 노스탤지어라는 지병을 안고 길 위를 떠도는 뜨내기이거나 탕자에 지나지 않을 테다. 고향은 우리 실존이 닻을 내리도록 돕고, 생에 보람과 의미를 더해주는 요소다. 그런 탓에 고향을 잃은 자는 모든 것을 잃은 자라고 할 수 있을 테다.

나는 자주 눈의 나라에 도착하는 꿈을 꾼다

현縣 접경의 긴 터널을 빠져나오자 눈雪 고장이었다. 밤의 밑바닥이 하얘졌다. 신호소에서 기차가 멎었다.

_가와바타 야스나리, 《설국》, 장경룡 옮김, 문예출판사, 2025, 9쪽

이 세상에 존재하는 소설들 중에서 가장 심장 박동이 빨라지게 만드는 소설의 첫 문장을 꼽으라면 단연 이 문장을 들겠다. 언제 읽어도 시리도록 아름다운 문장이다. 이토록 청신한 첫 문장으로 이야기를 펼치는 소설을 읽지 않을 도리는 없다. 우리를 눈 많은 이국의 고장으로 데리고 가는 이 마법 같은 첫 문장을 읽는 어린 독자들을 나는 사랑하며 동시에 질투한다.

고양이

어느 날 너는 내게로 왔어
두 팔을 벌려 안으려 하자
너는 낱낱의 원소가 되어 사라졌어
너는 공중에 빗방울을 파종하는 구름이었어
낮잠 끝에 흩어지는 모래알이었어
안 돼, 그렇게 가버리는 건 싫어

안 돼, 네가 없다면
난 미쳐버릴 거야.

네 살점을 조금만 떼어줘
네 피를 한 모금만 마시게 해주면 돼
아아, 그러면 살 수 있을 텐데,
널 사랑할 수 있을 텐데.

_ 장석주, 《저게 저절로 붉어질 리는 없다》, 난다, 2021, 100쪽

고양이가 온다는 것은 항상 놀라운 일이다. 그건 예기치 않게 일어나는 기적 같은 사건이다. 이 차갑고 이기적인 동물이 하는 일이라곤 무언가를 아삭거리며 씹어 삼키거나 창밖을 종일 내다보거나 제 털을 혀로 핥으며 단장하는 일이다. 그럼에도 우리는 이 동물을 사랑하지 않을 수가 없다. 이 동물이 보여주는 도약의 아름다움과 침묵의 품격에 우리는 쉽게 감동을 받는다. 고양이는 날개 대신에 털을 뒤집어 쓴 새다. 그 새는 우리가 잠든 동안에 잠자지 않고 어둠 속을 활강한다. 대부분 고양이들이 종일 몸을 동그랗게 말고 꾸벅꾸벅 졸고 있는 것은 그런 사정에서다.

벽난로 앞에서

나는 장작이 타오르는 벽난로 앞을 떠나지 않는다. 불꽃은 장작을 감싸며 타오르는데, 귀 기울이면 정적이라는 안감에 작은 한숨이 쉼표 같은 무늬를 새긴다. 불꽃은 타다닥거리며 타오른다. 가끔 제 소리에 소스라치게 놀라는 듯하다. 불꽃에 의해 분리된 장작 조각이 아래로 떨어지면 불꽃은 이내 숨을 죽이고 가끔 한숨이나 작은 신음을 토해낸다. 불꽃의 몽상가라면 이 작은 소리조차 놓칠 리가 없다.

_ 장석주,《슬픔을 맛본 사람만이 자두 맛을 안다》, 여문책, 2019, 124쪽

장작은 자기 몸을 태워 화염을 만든다. 불꽃은 이 장작에서 저 장작으로 바쁘게 이동하며 그것을 움켜쥐고 집어삼킨다. 대단한 기세로 타오르는 불꽃을 오래 들여다보면 마치 장작이 불꽃 속에서 춤추며 환희의 찬가라도 부르는 듯하다. 불꽃은 장작이 만드는 기꺼운 헌신과 자기 소멸에의 몸짓이다! 오, 불꽃이여, 더 높은 허공을 향하여 나가는 불꽃이여! 불꽃이 우리 잠든 영혼을 깨우지 못한다면 우리는 사물과 조응하지 못한 채 죽어버린 상태나 마찬가지일 테다.

나는 다방 커피가 좋다

원고를 쓸 때, 원고를 마쳤을 때, 빚을 갚았을 때, 마당의 풀을 다 베고 난 뒤에, 뱀을 잡아 개울 건너편 숲에 던졌을 때, 비가 그친 뒤에, 시립도서관에 빌린 책을 반납하고 새 책을 골라 도서관 현관을 나설 때, 헌책방에서 절판된 책이 형편없이 싼값으로 매겨져 있는 것을 찾았을 때, 자전거를 타고 한강 고수부지를 돌아다니다가 500원짜리 커피를 사 마실 때, 상습 정체구간에서 길거리 아줌마에게 한 잔 사 마실 때, 철야농성을 하다 잠시 화장실에 들렀다가 나올 때, 그럴 때 커피 한 잔은 우리를 행복하게 한다.

때로 타오르는 감정을 진정시키고, 때로 분노해야 할 일로 인해 왜 분노해야 마땅한지 정교한 분노의 논리를 세워야 할 때, 대가 없이 뇌활동을 촉진시키는 것도 커피 한 잔이다. 그때 수반되는 담배 한 모금이다. 환경운동 하는 사람들이 이런 글이나 써대는 날 보고 한심한 '놈'이라고 비웃을 생각을 하니 모골이 송연해진다.

_ 최성각, 《날아라 새들아》, 산책자, 2009, 115쪽

의외로 '다방 커피'를 좋아하는 사람들이 많다. 그 달달한 커피에 많은 사람들이 위안을 받는다. 자판기에서 쉽게 뽑아 먹을 수 있는 '다방 커피'는 늘 우리 곁에 있다. 죽을 만큼 외로울 때나 철야농성을 할 때도 우리 곁을 지킨 것은 '다방 커피'다.

고양이는 날개 대신에

털을 뒤집어 쓴 새다.

그 새는 우리가 잠든 동안에

잠자지 않고 어둠속을 활강한다.

옛날 국수 가게

햇볕 좋은 가을날 한 골목길에서 옛날 국수 가게를 만났다 남아 있는 것들은 언제나 정겹다 왜 간판도 없느냐 했더니 빨래 널듯 국숫발 하얗게 널어놓은 게 그게 간판이라고 했다 백합꽃 꽃밭 같다고 했다 주인은 편하게 웃었다 꽃 피우고 있었다 꽃밭은 공짜라고 했다

_ 정진규, 《본색本色》, 천년의시작, 2004, 42쪽

골목길에는 햇빛이 끓고, 어디서 왔는지 알 수 없는 정적靜寂이 오글오글하다. 시간이 오래 멈춰 서 있었던 듯 거기에 '옛날'이 고스란히 있었다. 그 골목길에 간판도 없는 국수 가게가 있었다. 하얀 국숫발이 햇볕 속에서 마르고 있었다. 이 시를 처음 읽었을 때 먼저 '하얗게'라는 형용사가 눈부시게 들어왔다. 매화 흰꽃, 바람에 펄럭이는 옥양목 빨래, 조선의 달항아리, 여름 하늘의 새털구름들, 저고리 앞섶에 가려진 젊은 엄마의 젖가슴……. 이것들은 다 하얗다. 하얘서 정겹고 서글프다. 하얀 것들은 빨리 더러워지고, 빨리 사라지는 까닭이다. 내 안이 평화와 기쁨으로 충만해서 바깥 삶도 더불어 고요했을 때 아내의 손을 잡고 '옛날의 국수 가게'로 국수를 한 그릇씩 사 먹으러 가곤 했었다. 얼굴에 기미가 낀 아내의 배 속에는 어린것이 자라고 있고, 골목길 한 뼘 화단에는 파꽃이 하얗게 피어 있곤 했었다. 그때는 내 삶의 안쪽도 하얘서 오동꽃 지는 저녁이나 빗소리 몇 줄 귀를 밝히는 새벽녘에는 아무 이유도 없이 가슴이 아리고 눈시울이 붉어지곤 했었다.

사계절의 멋

봄은 동틀 무렵. 산 능선이 점점 하얗게 변하면서 조금씩 밝아지고, 그 위로 보랏빛 구름이 가늘게 떠 있는 풍경이 멋있다.

여름은 밤. 달이 뜨면 더할 나위 없이 좋고, 칠흑같이 어두운 밤에도 반딧불이가 반짝반짝 여기저기에서 날아다니는 광경은 보기 좋다. 반딧불이가 달랑 한 마리나 두 마리 희미하게 빛을 내며 지나가는 것도 운치 있다. 비 오는 밤도 좋다.

가을은 해질녘. 석양이 비추고 산봉우리가 가깝게 보일 때 까마귀가 둥지를 향해 세 마리나 네 마리, 아니면 두 마리씩 떼 지어 날아가는 광경에는 가슴이 뭉클해진다. 기러기가 줄을 지어 저 멀리로 날아가는 광경은 한층 더 정취가 있다. 해가 진 후 바람 소리나 벌레 소리가 들려오는 것도 기분 좋다.

겨울은 새벽녘. 눈이 내리면 더없이 좋고, 서리가 하얗게 내린 것도 멋있다. 아주 추운 날 급하게 피운 숯을 들고 지나가는 모습은 그 나름대로 겨울에 어울리는 풍경이다. 이때 숯을 뜨겁게 피우지 않으면 화로 속이 금방 흰 재로 변해버려 좋지 않다.

_ 세이쇼나곤, 《마쿠라노소시》, 정순분 옮김, 지식을만드는지식, 2012, 19~20쪽

세이 쇼나곤은 1천 년 전 일본의 궁녀였다. 궁녀이기 전에 뛰어난 문필가였다. 무엇보다도 사물과 계절, 인간관계에 대한 투명한 응시와 청신한 감각이 뛰어난 사람이다. 그 재능을 고스란히 펼쳐 보인 책이 《마쿠라노소시》다. 세이 쇼나곤은 궁녀의 삶과 그 삶을 감싼 시대의 풍속, 그리고 교양과 정념이 혼재된 삶을 재기발랄한 문체로 썼다. 이 책을 읽은 것은 행운이다. 나는 이 책을 머리맡에 두고 여러 번에 걸쳐 읽었다.

콩나물 삶는 냄새

유년의 풍경 중에 가장 인상적인 장면은 할머니와 내가 콩나물을 삶아 먹었던 일이다. 나는 거의 할머니랑 둘이 놀았다. 새벽 다섯 시 정도가 되면 어머니, 아버지는 들일을 나가고, 일곱 시 정도가 되면 누이들이랑 형은 학교에 갔다. 나는 아직 초등학교에 다니지 않아 자연히 할머니와 둘이 집을 지키는 신세가 되었다. 그러다 보니 어린 나보다 지능이 높지는 않을 치매에 걸린 할머니와 자주 싸웠다. 먹을 것이 없는 집이라서 주로 어머니가 삶아 놓고 간 감자나 고구마를 두고 누가 하나라도 더 먹는가로 싸웠다.

그러던 어느 날 잠에서 깨니 밖이 환했다. 부엌에서 콩나물 삶는 냄새가 났다. 할머니가 가마솥에 콩나물 시루를 통째로 삶고 있었다. 나는 할머니가 콩나물 삶는 모습을 가마솥 옆에 앉아 물끄러미 바라보았다. 아궁이의 불 속에 타오르는 뜻 모를 슬픔, 할머니와 나는 서로의 입 속에 콩나물을 하나씩 넣어주었다. 할머니 하나, 나 하나. 할머니 둘, 나 둘. 아궁이에 타오르는 불빛과 서로의 얼굴에 흐르던 따뜻함은 지금도 내 마음속에 지워지지 않는 풍경으로 남아 있다.

_ 박형준, 《저녁의 무늬》, 현대문학, 2003, 85~86쪽

치매 할머니와 어린 손자가 먹을 것을 두고 다툰다. 이 다툼은 먹을 것을 두고 으르렁거리는 동물의 싸움과 닮아 있다. 원색적인 싸움이다. 어느 순간 두 사람은 서로의 입에 콩나물을 하나씩 넣어준다. "할머니 하나, 나 하나. 할머니 둘, 나 둘." 이것은 평화의 노래, 사랑의 노래다. 이 노래를 덥히는 것은 아궁이에서 타오르는 불빛!

가을 낮 마법의 길에서

대략 스무 해 전부터 가을만 되면 내가 들르는 식당이 있다. 가을 햇살이 유난히 강한 강화도의 비빔국수집이다. 가을과 비빔국수를 찾아가는 여행길은 이렇다. 신촌에서 시외버스를 타고 강화 버스터미널에서 내려 버스 뒤쪽, 그러니까 북쪽으로 스무 걸음쯤 걸어가서 왼쪽으로 서너 걸음 이동해서 보면 김이 뿜어져 나오는 가파른 지하계단 입구와 맞닥뜨린다. 그 안으로 들어가면 오른쪽으로 무엇인가 끓고 있는 솥들이 보이고 낡은 탁자 예닐곱 개가 있는 지하가 나타난다. 늦가을에 딱 알맞게 따뜻한 국물을 곁들여 김이 듬뿍 뿌려진 비빔국수를 먹고(세 계절이나 기다려온 까닭에 곱빼기를 주문한다) 나와서는 다시 전등사로 가는 버스를 탄다. 전등사 입구의 산길을 기웃거리다가 몸을 돌려 초지진까지 몇 킬로미터인지 재본 적이 없는 길을 설렁설렁 걸어간다.

내 생각에 봄은 동쪽에서 오고 가을은 서쪽으로 갈수록 깊어지다가 바다로 가버리는데 이래서 한반도의 서쪽을 대표하는 강화의 가을이 유난히 의젓하고 황홀한 것이다. 황금빛 가루가 잘게 부서져 내리는 듯한 길 위에 빨간 고추들이 마르고 있고 코스모스, 또 코스모스처럼 예쁜 아이들이 바람에 흔들거리며 서 있거나 어디론가 가고 있다. 한가하고 때로 지나치게 아름다워서 가벼운 슬픔의 습격에도

신음이 새나오는 부드러운 살결 위를 걷는 듯한 시간이 지나면 개펄을 향해 청동빛 대포를 겨누고 있는 초지진에 도착한다. 거기서 바다와 햇빛의 비린내 나는 향연을 훔쳐보다 보면 강화 버스터미널로 가는 버스가 온다. 저물 무렵에 휘청거리는 길을 따라가는 버스를 타고 터미널로 돌아온다. 그리고 또 비빔국수. 이번에는 내년 가을까지의 추억을 위한 곱빼기다.

_ 성석제, 《소풍》, 창비, 2006, 165~166쪽

강화의 가을이 그토록 의젓하고 황홀한가? 바다와 햇빛이 어우러져 황금빛 가루가 쏟아진 듯하다는 가을의 강화를 보러 가야겠다. 강화의 비빔국수는 여행의 기쁨에 얹어지는 고명이요 덤이다. 따뜻한 국물이 곁들여 나온다는 그 비빔국수를 맛보고 싶다.

호미 예찬

호미는 남성용 농기구는 아니다. 주로 여자들이 김맬 때 쓰는 도구이지만 만든 것은 대장장이니까 남자들의 작품일 터이나 고개를 살짝 비튼 것 같은 유려한 선과, 팔과 손아귀의 힘을 낭비 없이 날 끝으로 모으는 기능의 완벽한 조화는 단순 소박하면서도 여성적이고 미적이다.

호미질을 할 때마다 어떻게 이렇게 잘 만들었을까 새롭게 감탄하곤 한다. 호미질은 김을 맬 때 기능적일 뿐 아니라 손으로 만지는 것처럼 흙을 느끼게 해준다.

마당이 넓지는 않지만 여기저기 버려진 굳은 땅을 씨를 뿌릴 수 있도록 개간도 하고, 거짓말처럼 빨리 자라는 잡초들과 매일매일 네가 이기나 내가 이기나 보자고 싸움질도 하느라 땅 집 생활 6, 7년에 어찌나 호미를 혹사시켰던지 작년에 호미 자루를 부러뜨리고 말았다.

대신 모종삽, 가위 등을 사용해보았지만 호미의 기능에는 댈 것도 아니었다. 다시 어렵게 구한 호미가 스테인리스로 된 호미였다. 기능은 똑같은데도 왠지 녹슬지 않는 쇳빛이 생경해서 정이 안 갔다.

그러다가 예전 호미와 같은 무쇠 호미를 구하게 되었고, 젊은 친구로부터 날이 날카롭고 얇은 잔디 호미까지 선물로 받아 지금은 부러

진 호미까지 합해서 도합 네 개의 호미를 가지고 있다. 컴퓨터로 글 쓰기 전에 좋은 만년필을 몇 개 가지고 있을 때처럼이나 대견하다.

_ 박완서,《호미》, 열림원, 2022, 48~49쪽

호미는 단순하고 소박한 노동의 도구다. 손아귀에 딱 맞게 들어오는 호미! 작가는 호미의 "유려한 선과, 팔과 손아귀의 힘을 낭비 없이 날 끝으로 모으는 기능"에 감탄하고, 도구적 완벽성에 거듭 감탄한다. 늘 쓰는 도구지만 들여다보면 볼수록 몰랐던 일면들이 드러나며 우리를 놀라게 한다. 이 놀라움은 도구의 새로운 일면, 즉 야생적인 근본의 발견에 대한 감탄으로 이어진다. 실은 호미 예찬은 도구 예찬이자 노동 예찬이다. 노동 예찬은 이것이 다름 아닌 우리 삶을 새롭게 세우는 근본이기 때문이다.

4

끝없는 상상의 세계를 유영하듯

_ 생각을 열어주는 명문장

대추 한 알

저게 저절로 붉어질 리는 없다.

저 안에 태풍 몇 개

저 안에 천둥 몇 개

저 안에 벼락 몇 개

저게 저 혼자 둥글어질 리는 없다.

저 안에 무서리내리는 몇 밤

저 안에 땡볕 두어 달

저 안에 초승달 몇 날

_ 장석주, 《붉디붉은 호랑이》, 애지, 2005, 107쪽

여름에 이루어지는 이별의 예식은 짧아야 한다. 여름은 짧기 때문이다. 여름의 그 싱싱한 빛들은 다 어디로 가버렸을까? 빨리 끝나버린 계절의 끝에서 우리는 하얗게 작열하던 여름의 빛을 그리워한다. 하지와 추분 사이에서 황국과 뱀들의 전성시대가 덧없이 끝날 때 나무들은 제 발등 아래 유순한 그림자들을 키운다. 뜰 안 대추나무 가지마다 매달린 대추들에는 붉은빛이 감돈다. 가을이 깊어지며 야무지게 굵어진 대추 한 알마다 전하는 저절로 무르익는 것은 아무것도 없다는 진리는 그 윤곽이 또렷하다. 곧 동지의 밤이 서리와 초빙과 첫눈을 몰고 온다.

편도나무여, 내게 신에 대해 이야기해다오

나는 편도나무에게 말했노라.
"편도나무여, 나에게
신에 대해 이야기해다오."
그러자 편도나무가 꽃을 활짝 피웠다.

_ 니코스 카잔차키스, 장석주 엮음, 《장석주 시인의 마음을 흔드는 세계 명시 100선》, 북오션, 2017, 190쪽

니코스 카잔차키스를 처음 만난 건 스무 살 무렵이다. 20대 중반 출판사 말단 직원이었을 때 내게 배당된 첫 일감이 이 작가가 쓴 《영혼의 자서전》의 원고 교열을 보는 것이었다. 아마도 1980년이었을 거다. 나는 단박에 그 불꽃같은 책에 영혼을 빼앗겼다. 나는 오랜 세월이 흐르고 니코스 카잔차키스의 고향인 그리스의 크레타섬을 기어코 찾아갔다. 에게해가 한눈에 내려다보이는 크레타섬의 한 언덕에 그의 무덤이 있었다. 나는 소박한 나무 십자가 아래 평평한 돌무덤 위에 붉은 여름꽃 한 송이를 바쳤다.

시간은 장소에 따라 다른 속도로 흐른다

우리는 보통 시간이 단순하게, 기본적으로 어디서든 동일하게, 세상 모든 사람의 무관심 속에 과거에서 미래로, 시계가 측정한 대로 똑같이 흐른다고 생각한다. 시간의 흐름 속에서 우주의 사건들이 과거와 현재, 미래의 순서로 벌어진다고 보는 것이다. 과거는 정해졌고, 미래는 열려 있고……. 하지만 이 모두가 틀린 것으로 드러났다. 시간의 특징적인 양상들 하나하나가 우리의 시각이 만든 오류와 근사치들의 결과물이다. 앞서 언급한 지구가 평평해 보이는 것이나 태양의 회전이 그 예이다. 그러나 인간의 지식이 성장하면서 시간에 대한 개념은 서서히 베일을 벗게 되었다. 우리가 '시간'이라고 부르는 것은 구조들, 즉 층들이 복잡하게 모인 것이다. 점점 더 깊이 연구가 진행되면서, 시간은 이 층을 하나둘씩 한 조각, 한 조각 잃어왔다.

_ 카를로 로벨리, 《시간은 흐르지 않는다》, 이중원 옮김, 쌤앤파커스, 2019, 10~11쪽

인간은 시간의 흐름에 포박된 존재다. 누구도 시간의 흐름을 벗어날 수가 없다. 시간은 실존의 의미를 가늠하는 중요한 단서다. 그럼에도 우리는 시간에 대해 잘 모른다. 《시간은 흐르지 않는다》를 읽으며 나는 여러 번 놀란다. 시간은 장소에 따라 다른 속도로 흐른다는 사실과 지구에서의 시간과 목성에서의 시간이 다르다는 사실도 이 책을 읽으며 처음 알았다. 흥미진진한 시간 여행을 떠날 땐 꼭 이 책을 지참하시라!

고양이는 침묵과 도약으로 이루어진 생명체다

동물들의 세계는 침묵과 도약으로 이루어져 있다. 나는 동물들이 잠자듯 엎드려 있는 것이 보기에 좋다. 그들이 그렇게 엎드려 있을 때, 대자연과 다시 만나고 그들의 몸을 내맡김으로써 그들은 자신들을 키워 주는 정기精氣를 받는다.

_ 장 그르니에, 《섬》, 함유선 옮김, 청하출판사, 1988, 39쪽

젊은 날 철학자이자 소설가, 에세이스트인 장 그르니에의 책들을 탐독했다. 나중에 출판사를 창업하고 장 그르니에의 선집을 스물 몇 권이나 펴내기도 했다. 내가 만난 그르니에의 첫 책이 《섬》이다. 이 책의 서문은 그가 알제리 고교 철학교사 시절에 만난 제자인 알베르 카뮈가 썼다. 정말 아름다운 서문이다. 그르니에의 문장은 세심한 관찰의 생생함과 철학적 관조의 깊이에서 빛난다. 공空과 무無에 대해 쓸 때 그의 문장은 더욱 깊어진다. 〈고양이 물루〉라는 제목의 글은 읽고 또 읽었지만 다시 읽고 싶어진다. 《섬》은 늘 곁에 두고 생각날 때마다 아무 페이지나 열고 읽고 싶은 책 중 하나다.

책은 우리 내면의 얼어붙은 바다를 깨는 도끼다

우리가 읽는 책이 주먹질로 두개골을 깨우지 않는다면 무엇 때문에 책을 읽는단 말인가? 책이란 우리 내면에 존재하는 얼어붙은 바다를 깨는 도끼다.

_ 프란츠 카프카, 〈카프카의 편지〉, 1904년 1월

카프카 말고 누가 책의 본질을 이토록 통렬하게 함축하는 문장을 쓸 수 있을까? 수많은 독서가들이 이 문장에 매혹당한 걸 숨기지 않는다. 나 역시 그들 중 하나다. 문장을 쓰려면 일체 군더더기를 덜어내고 날카롭게 벼린 칼인 듯 써야 한다. 카프카는 형용사나 부사가 치렁치렁한 문장들을 부끄럽게 만든다. 문장을 쓸 때는 에두르지 말고 그것이 칼인 듯 심장을 찔러 관통해야 한다.

본질은 단순함에 있다.

그러므로 가장 단순한 것을 배워라!

배움 앞에서 망설이지 말고,

여러 일에 앞서 배움을 시작하라.

다른 이들을 생각하라

네 아침을 준비할 때 다른 이들을 생각하라
비둘기의 모이를 잊지 마라
네 전쟁을 수행할 때 다른 이들을 생각하라
행복을 추구하는 이들을 잊지 마라
네 수도 요금을 낼 때 다른 이들을 생각하라
빗물 받아먹고 사는 사람들을 잊지 마라
네 집으로 돌아갈 때 다른 이들을 생각하라
수용소에서 지내는 사람들을 잊지 마라
네 잠자리에 들어 별을 헤아릴 때 다른 이들을 생각하라
잠잘 곳이 없는 사람들을 잊지 마라
네 자신을 은유적으로 표현할 때 다른 이들을 생각하라
말할 권리를 빼앗긴 사람들을 잊지 마라
멀리 있는 이들을 생각할 때 너 자신을 잊지 마라
말하라, "내가 어둠 속의 촛불이면 좋으련만."

_ 마하무드 다르위시, 〈다른 이들을 생각하라〉

마하무드 다르위시의 시를 읽을 때마다 부끄럽다. 내 삶은 그의 시만큼 삼엄하지 않다. 너무 오랫동안 타인보다는 내 스스로에게 집중했다. 타인을 더 환대하지 못했다. 그건 내 도덕성이 얕았다기보다는 자기 연민이 컸던 까닭이다. 이제 비둘기에게 모이를 줄 때, 수도 요금을 낼 때, 아늑한 침대에 몸을 뉘일 때 나는 나와 다른 처지에 있는 사람들을 생각한다. 멀리 있는 사람은 나와 무관한 사람이 아니다. 나의 불행과 너의 불행은 다르지 않다. 우리는 인류라는 이름으로 연대해야만 하는 공동체에 속한다.

천천히, 느리게, 있는 그대로

게으르다는 건 느스러질 대로 느스러져서 절대로 아무것도 하지 않는다는 것하고는 다르다. 마치 극장에서 공연이 없는 날을 '공연 안 하는 날'이라고 하기보다 '공연 쉬는 날'이라고 하듯이. 우리는 저마다 사회라는 극장 또는 무대의 배우다. 우리도 때때로 휴식이, 다시 말해 쉬는 것이 필요하다. 그렇지 않다면, 공연은 주변 사람들을 지치게 할 것이고, 우리 스스로도 지치게 할 것이다. 그러나 우리는 휴식 시간이나 여가 시간이 있어도, 이를테면 일요일에도 계속 움직인다. 심지어 평일보다 더 열중해서 움직이기도 한다. (…)

말하자면, 게으르다는 것은 있는 그대로 내버려 둔다는 것이다. 그것은 슬기로움이나 너그러움의 한 형태다. 물러났다가 세상으로 다시 돌아와야 한다. 이러한 삶의 방식은 한가로이 거닐기, 남의 말 들어 주기, 꿈꾸기, 글쓰기 따위처럼 사람들이 별로 소중하게 여기지 않는 버려진 순간에 깃들어 있다.

_ 피에르 쌍소 외 지음, 《게으름의 즐거움》, 함유선 옮김, 호미, 2003, 11~14쪽

게으름을 수많은 악행의 샘이자 원천이라고 비난하는 것은 옳지 않다. 게으름이야말로 "슬기로움이나 너그러움의 한 형태"이기 때문이다. 열심히 일하라! 그리고 한껏 게으름을 누려라!

가장 단순한 것을 배우라

가장 단순한 것을 배워라! 자기의
시대가 도래한 사람들에게는
결코 너무 늦은 것이란 없다.

_ 베르톨트 브레히트, 장석주 엮음, 〈배움을 찬양함〉, 《마음을 흔드는 세계 명시 100선》, 북오션, 2017, 298쪽

본질은 단순함 속에 있다. 그러므로 가장 단순한 것을 배워라! 배움 앞에서 망설이지 말고, 여러 일에 앞서 배움을 시작하라. 영혼의 성장을 이끈 선각자들은 이정표이고 바닷길을 이끄는 등대일 테다. 지금보다 더 나은 사람이 되고 싶다면 하루도 쉬지 말고 배움에 힘써라! 굶주린 자여, 먼저 책을 손에 들어라.

고속도로 위의 야생화

우리가 일상적으로 만나는 작은 것의 힘 그리고 하찮은 것 속에 담긴 소중한 의미. 풀숲에서 우는 작은 벌레 소리는 들을 수 있어도 지구가 회전하는 거대한 그 굉음은 누구도 듣지 못한다. 이 괴이한 현상, 생명이나 죽음에게도 소리가 있다면 아마 그럴 것이다.

고속도로를 달리다 보면 사람이 숨졌을지도 모를 교통사고 현장을 보게 된다. 그런데도 우리는 그냥 질주한다. 충격을 받는다 해도 그것은 생명에 대한 깊은 사려思慮는 아닐 것이다. 더더구나 사자死者에 대한 애도는 아니다.

하지만 어떤가. 금이 간 고속도로의 아스팔트 틈 사이에서 문득 풀 한 포기가 꽃을 피우고 있는 것을 보았다면 그냥 못 본 체 지나칠 것인가. 생명이란 것이 무언지. 저리도 모질고 아름다운지에 대해 가슴이 뜨거워질 것이다. 소란스럽고 척박한 길바닥 그 많은 바퀴의 위협 속에서도 용케 비집고 나온 작은 생명, 그 아슬아슬한 모험 앞에서 당신의 질주는 잠시 멈출지 모른다. 마음속에서라도 말이다.

_ 이어령, 《생명이 자본이다》, 마로니에북스, 2014, 58~59쪽

생명을 부양하는 것은 숭고한 일이다. 그것은 무엇보다 앞서는 제일의적 가치이기 때문이다. 현실과 역사는 절망할 수 있지만 생명은 그럴 수 없다. 생명은 절대 가치이기 때문이다. 모든 구원의 궁극이 생명 구원으로 귀착하는 것도 생명이 절대 가치라는 사실을 증명한다. 산 것들은 그 환경이 아무리 곤핍하더라도 기필코 살아야 한다. 우연히 발견한 "고속도로의 아스팔트 틈 사이에서 꽃을 피운 풀 한 포기"의 감동은 바로 거기에서 연유한다.

새봄이 일어서고 있다

내가 좋아하는 선가仙家의 말 중에 '살아도 온몸으로 살고 죽어도 온몸으로 죽어라'라는 말이 있다. 나는 병원에서 환자복으로 갈아입는 순간부터 병을 받아들이고 온몸으로 환자로 살겠다고 마음의 준비를 했다. 일체 사람 만나는 것을 거부하고 환자로서의 장전章典을 선포했다. (…)

"병원에 오니까 참 아픈 사람들이 많지요?"

지난여름 하루에 한 번씩 방사선 치료를 받으러 병원에 갔을 때 치료사가 내게 지나가는 말을 했다.

나는 지금까지 병원에 갈 때마다 병원은 자주 갈 데가 못 되는 재수 없는 곳, 운이 나쁜 사람들이나 가는 저주받은 곳, 전염병에 걸린 사람들이 격리된 감옥과 같은 수용소로 생각해왔다. 그러나 내가 막상 환자로서 병원을 출입하게 되니 그 치료사의 말처럼 아아, 세상에는 참 병으로 고통받는 사람들이 많구나 하는 느낌을 받았다. 그래서 나는 병실에서, 복도에서 환자들을 만나면 가슴속 깊이 칼로 찌르는 것과 같은 고통을 느끼며 절로 울면서 고개를 숙이고 다니곤 했다.

_ 최인호, 《최인호의 인생》, 여백, 2013, 180~181쪽

병은 우환이고 불운이며, 생명이 품은 불모성이다. 그 불모성이 더는 커질 수 없을 때까지 부풀어 올라 마침내 우리를 삼켜버리는 게 바로 죽음이다. 생명은 꽃, 미소, 여자와 같이 말랑말랑한 것이다. 병은 생명의 무구함을 삼키고, 말랑말랑한 기쁨들을 앗아가며, 존재를 메마르고 딱딱함, 즉 경화硬化에 이르게 한다. 투병이 죽음에 이르는 도정이라는 사실 인식이 우리를 고통에 빠뜨린다. 병은 낡고 망가진 몸에서 신생으로의 탈주가 아니다.

철학과 마주한 죽음

죽음은 우리 모두에게 닥칠 것이 분명하며, 언젠가 나에게도 현실화될 것이라 짐작한다. 내가 죽는 순간부터 더 이상 나는 존재하지 않는다. 적어도 현재의 존재 형태로는 더 이상 머무르지 않는다. 죽음은 타인이 대신할 수 없는 개별적 인간의 고유한 사건이며, 지극히 개인적인 사건이다. 나의 삶을 타인이 대신 살아줄 수 없듯이 나의 죽음도 나의 것일 수밖에 없다. 나의 삶과 결코 별개일 수 없는 것이 나의 죽음이 아닌가. 이러한 죽음의 문제를 우리는 과연 어떻게 풀어갈 것인가?

_ 구인회, 《죽음에 관한 철학적 고찰》, 한길사, 2015, 17쪽

죽음의 수수께끼는 그것을 직접 겪을 수 없다는 데에서 생겨난다. 죽음에 대한 우리의 이해는 모두 다 타인의 경험을 통해 얻은 것이다. 죽음은 직접적인 경험으로 체화되지 않은 채 끝내 낯선 것으로 남는다. 죽음은 우리 생명 바깥에서 서걱이는 그 무엇이다. 생명의 우연과 죽음의 우연은 조응한다. 삶은 죽음의 바다 위에 뜬 섬이다. 헨리 데이비드 소로의 말처럼 삶은 "돌이킬 수 없는 단 한 번의 위대한 실험"이다. 우리는 무에서 왔다가 무로 돌아간다. 생명의 파동은 그 안쪽 내밀한 곳에 죽음을 품고 살아내는 동안 만들어지는 리듬이다. 몸의 시간에 깃든 충만과 결핍, 고통과 기쁨은 삶과 죽음이라는 순환에 작동하는 우주적 파동으로 엄연한 것이다.

5

영원하지 않아서 더욱 찬란한

_ 감각을 깨우는 명문장

키스가 공허한 것이라고요?

키스 자체는 묘하게도 공허한 행위다. 마치 음식도 없이 식사하는 것이라고 할까? 우는 행위와 비슷하게 키스는 내적인 계기를 가지지만 외적인 이득은 없다. 섹스는 적어도 생식의 목표를 지향할 수 있으나 키스는 아무것도 이루지 못한다. 키스는 그 자체가 목적인 것이다.

_ 로버트 롤런드 스미스, 《이토록 철학적인 순간》, 남경태 옮김, 웅진지식하우스, 2014, 99쪽

키스는 연애의 한 과정에서 필연으로 겪는 사건이다. 키스란 달콤한 행위다. 파블로 네루다는 시에서 "입 안에 들어온 설탕 같은 달콤한 키스들"이라고 표현한다. 키스를 하지 않는 연애란 상상하기 어렵다. 연애는 키스를 하나의 기점으로 그 전과 후가 명확하게 갈라진다. 키스는 연애의 변곡점이다. 키스 이후 연인들은 그 전보다 훨씬 더 대담해진다. 그러나 키스는 철저하게 비생산적이다. 키스로는 아무것도 낳지 못한다. 그런 맥락에서 키스는 그 자체가 목적인 행위에 속한다.

포도주 찬미

어느 날 저녁, 포도주의 혼이 술병 속에서 노래하기를
"인간아, 박복한 인간아, 그대를 향하여
유리 감옥 주홍빛 밀랍에 갇힌 내가
소리 높여 불러주마, 빛과 우애가 가득한 노래 한 곡을.

나는 아노라, 저 활활 타는 언덕 위에
많은 고통과 땀과 쨍쨍한 햇빛이 있어
내 생명이 빚어지고 내 영혼이 주어졌음을
나 절대 배은망덕하지 않으리, 해도 끼치지 않으리.

노동에 지친 어느 남정네 목구멍으로
떨어져 내릴 때면 한없는 기쁨을 느낀다네.
그대 더운 가슴은 다정한 무덤
내 살던 썰렁한 지하실보다 훨씬 좋아라.

그대 듣는가, 일요일마다 울려대는 후렴들
팔딱이는 내 가슴 속 소곤대는 희망을?
식탁에 팔꿈치 괴고 소매 걷어붙이고

그대 나를 찬양하리라, 그리고 만족하리라.

기뻐하는 그대의 아내 눈에 불을 환히 밝혀주리.
그대 아들에게겐 힘과 혈색을 주고
그 가냘픈 인생의 선수에게
투사의 근육을 튼튼히 해줄 기름이 되리.

그대 몸속에 떨어져 신묘한 식물성 양식이 되고
영원한 파종자 신이 뿌린 소중한 씨앗이 되리.
하여 우리 사랑에서 시가 태어나
신을 향한 귀한 꽃 한 송이처럼 활짝 피어나리."

_ 샤를 보들레르, 장석주 엮음, 《장석주 시인의 마음을 흔드는 세계 명시 100선》, 북오션, 2017, 256~257쪽

포도주는 "유리병 주홍 감옥"에 갇힌 신비한 액체다. 보들레르를 이것을 가리켜 "신묘한 식물성 양식"이라고 했다. 누군가에게는 힘과 좋은 혈색을 주고, 누군가에게는 무사의 심장을 갖게 하고, 누군가에게는 빛과 우애의 노래를 부르게 한다. 당신은 포도주를 즐기는가? 그렇다면 포도주를 들이켠 자가 기쁨으로 꽃 피어나는 몸을 겪는다는 사실을 알 테다. 포도주는 박복한 삶에 내려진 축복이다. 이것은 무조건의 황홀경, 무조건의 긍정, 무조건의 젊음을 가져다준다. 우리는 포도주를 도취하게 만드는 물질, 사랑의 묘약, 우리의 근심을 불사르고 나른한 행복으로 이끄는 액화된 마약이라고 할 수 있을 테다.

걷기는 자신의 길을 되찾는 일이다

걷는 것은 자신의 길을 되찾는 일이다. 돌연히 빠른 속도로 앞으로 나아가는 방법이다. 질병과 슬픔을 이기고 앞으로 나아가면서 자신에게 작별 인사를 하고 다른 사람이 되고자 하는 의지이다. 처음 걷는 몇 시간은 걱정거리가 줄어들고, 깊이 생각하는 경향이 적은 사색으로부터 해방된다. 그리고 사물에 대한 시야가 넓어지는 듯한 공간으로 들어서면서 어떤 해결책을 모색하려는 욕구가 강해진다. 걷기는 잠시 바깥에서 오는 모든 유혹을 잘라내어 자신의 재정복을 구축하기 위한 재활성화이자 내적인 은신처이다.

_ 다비드 르 브르통, 《느리게 걷는 즐거움》, 문신원 옮김, 북라이프, 2014, 220쪽

걷기의 종류는 많다. 그중에서도 가장 권장할 만한 것은 걷기 위해 걷는 일이다. 세찬 바람을 뚫고 걸을 때 기분이 좋아진다. 즐거움과 관능에 빠져들기 위한 걷기보다 더 좋은 것은 없다. 동물들에겐 어림도 없는 일이다. 걷기에서 즐거움을 얻는 것은 인간들이 누리는 특권이다. 직립 보행을 하며 이 감각적 습관에 집중할 때 우리는 세계와의 물질적 접촉에 성공한다. 세계는 소리, 냄새, 질감, 색채로 탈바꿈해서 우리에게 달려든다. 우리는 세계라는 풍경을 몸으로 받아들이며 체화한다. 그러는 동안 우리는 낡은 인식의 껍질을 벗고 새로운 존재로 쇄신을 이룬다. 이것이 걷기가 우리에게 주는 망외의 소득이다.

열매 맺지 못하는 오렌지나무의 노래

나무꾼이여,
내 그림자를 나한테서 잘라내 줘요.
열매 없는 자신을 보는
고통에서 나를 해방시켜 줘요.

왜 나는 거울들 속에서 태어났죠?
낮은 나를 에워싸 맴돌고,
별 많은 밤은
나를 판에 박듯 복사해요.

나는 나를 보지 않고 살고 싶어요.
그리고 꿈꿀 거예요.
개미들과 엉겅퀴가 내
잎이며, 새이기를.

나무꾼이여,
내 그림자를 나한테서 잘라내 줘요.
열매 없는 자신을 보는

고통에서 나를 해방시켜 줘요.

_ 페데리코 가르시아 로르카, 장석주 엮음, 《마음을 흔드는 세계 명시 100선》, 북오션, 2017, 306~307쪽

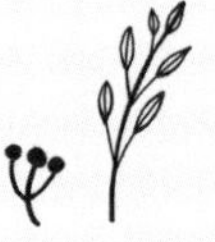

옛날 고모 딸은 시집을 가서 아기를 갖지 못한다고 소박을 당했다. 그이는 한 생을 서럽게 살다가 죽었다. 햇빛 속 오렌지나무는 열매를 맺지 못한다. 불임의 나무란 유실수로서 제 구실을 다하지 못한다는 증거. 옛날 고모 딸이 그랬듯이 결실 없는 존재의 내면에는 슬픔과 아름다움이 없지 않았을 테다. 그 사정을 모르고는 그 무엇도 함부로 판단하지 마라. 열매를 맺지 못함에도 저 오렌지나무는 살아 있음 그 자체로도 찬란할 수 있다.

세상의 혼-시간을 말하다

만물은 모두 시간을 안정되게 방사하며 발산하고 있다. 그 시간은 모든 원자, 모든 잎새, 모든 인간에서, 심지어 빈 공간에서도 용솟음친다. 그래서 바로 그 노송이, 햇빛을 듬뿍 머금은 바늘잎이 주는 상록의 광환光環과 함께 시간을 초월한 것으로 보이는 것이다. 소나무와 나는, 그리고 우리들 모두는 시간에 흠뻑 젖어 있다.

아마도 시간은 원천을 알 수 없는 균일한 내면의 빛이 아닐까. 밖으로 흘러나오는 시간의 파문은 너무나 작고, 너무나 미세해서 감지할 수가 없다. 아마도 시간의 중심에 있는 샘은 무한히 분할 가능한 '지금', 그 안에 10억의 10억의 '지금'을 가지고 있는 '지금'이 아닐까. (…) 우리는 시간과 함께 빛난다. 그렇다. 소나무의 바늘잎이 밖으로 빛을 방사하듯이, 또는 태양빛이 일방향으로 가듯이 시간의 화살이 일방향을 향하는 것은 사실이지만 시간의 알갱이에는 방향이 없다. 시간의 화살은 동시에 모든 곳을 향하고 삼라만상은 시간과 함께 빛난다.

_ 크리스토퍼 듀드니, 《세상의 혼: 시간을 말하다》, 진우기 옮김, 예원미디어, 2010, 370~371쪽

우리는 시간의 존재들이다. 시간은 공간의 파문이고, 삼라만상은 그 자체로 시간의 덩어리다. 만물은 저마다의 리듬과 방식으로 시간을 방사한다. 시간은 우리 안에서 꽃피면서 동시에 만물의 중심에서 솟아나 여기저기로 흩어진다. 삶이란 시간이 추는 무용舞踊이다. 찰나는 영원을 물고 있다. 그러므로 찰나를 낭비하는 것은 영원을 덧없이 흘려보내는 것이다. 내가 진짜로 살지 않는다면 시간은 흩어지고 저 멀리로 달아나리라!

화살과 노래

공중을 향해 화살 하나를 쏘았으나,
땅에 떨어졌네, 내가 모르는 곳에.
화살은 너무 빠르게 날아가서
눈길은 따라갈 수 없었네.

공중을 향해 노래 하나를 불렀으나,
땅에 떨어졌네, 내가 모르는 곳에.
어느 누가 그처럼 예리하고 강한 눈을 가져
날아가는 노래를 따라갈 수 있을까?

오랜, 오랜 세월이 흐른 뒤, 한 참나무에서
화살을 찾았네, 부러지지 않은 채로.
그리고 노래도, 처음부터 끝까지
한 친구의 가슴속에서 다시 찾았네.

_ 헨리 워즈워스 롱펠로, 장석주 엮음, 《마음을 흔드는 세계 명시 100선》, 북오션, 2017, 87쪽

누구에게나 화살 하나는 있다. 철없던 시절에 허공을 향해 그 화살을 쏘아 올리지만 그 화살이 어디에 떨어질지도 모른 채 살아간다. 나중엔 너무 바빠서 화살을 쏘아올린 사실조차 까맣게 잊을 수도 있다. 누군가는 화살을 찾으려고 젊음을 낭비하며 방황하리라. 당신은 기어코 허공으로 날린 그 화살을 찾았는가? 그 화살의 향방을 알지 못한 채 죽는 사람이 다수다. 롱펠로는 〈인생 찬가〉에서 이렇게 쓸쓸하게 적는다. "슬픈 사연으로 내게 말하지 마라/인생은 한낱 헛된 꿈이라고."

찰나를 낭비하는 것은

영원을 덧없이 흘려보내는 것이다.

내가 진짜로 살지 않는다면

시간은 흩어지고 저 멀리로 달아나리라!

빗방울

빗방울이 개나리 울타리에 솝-솝-솝-솝 떨어진다

빗방울이 어린 모과나무 가지에 롭-롭-롭-롭 떨어진다

빗방울이 무성한 수국 잎에 톱-톱-톱-톱 떨어진다

빗방울이 잔디밭에 홉-홉-홉-홉 떨어진다

빗방울이 현관 앞 강아지 머리에 돕-돕-돕-돕 떨어진다

_ 오규원, 《두두》, 문학과지성사, 2008, 47쪽

내가 살아 있는 기쁨을 예민하게 느낄 때는 파초 잎에 떨어지는 빗소리 들으며 낮잠을 잘 때다. 나는 몸이 나른한 채로 파초 잎의 빗소리를 들으며 파초 꿈을 꾼다. 빗방울은 어디에서나 노래하고 춤춘다. 당신은 빗방울의 노래를 들어본 적이 있는가? 자, 가만히 귀 기울여보라. 개나리 울타리에서 솝-솝-솝-솝, 어린 모과나무 가지에서 롭-롭-롭-롭, 무성한 수국 잎에서 톱-톱-톱-톱, 잔디밭에서 홉-홉-홉-홉, 강아지 머리에서 돕-돕-돕-돕 하고 빗방울들은 실로폰 두드리듯 그것들을 두드리며 노래한다. 귀 밝은 시인 덕분에 들을 수 없는 비의 노래를 듣는다.

말테의 수기

한 행의 시도 많은 도시를, 여러 사람을, 갖가지 물건을 보지 않고서는 쓸 수 없다. 동물의 마음, 비행할 때 새가 느끼는 감정, 조그마한 꽃이 새벽녘에 피는 모습을 깊이 연구하지 않으면 안 된다. 알지 못하는 지방의 들길, 뜻밖의 해후, 다가오는 것을 오랫동안 지켜본 이별, 아직 밝혀지지 않은 어린 시절, 그리고 부모님에 대해서. 어린 우리들을 기쁘게 해주려고 가져다준 장난감에 대해서 우리들이 기뻐하지 않아 기분이 상한 부모님의 일(다른 아이들이라면 틀림없이 기뻐했을 장난감이었으므로), 묘한 기분으로 시작되어 몇 번이나 깊고 큰 변화를 가져오게 한 어린 시절의 병, 그리고 조용하고 적적한 방 안에서 보낸 나날, 해변의 아침, 그리고 바다, 이곳저곳의 여러 바다, 또 하늘 높이 날아올라 별과 더불어 흘러간 여로의 밤을 상기해야만 한다.

이 모두를 상기하는 것만으로는 충분치가 않다. 밤마다 얼굴이 다른 애욕의 밤, 진통하는 여자의 외침, 육체가 다시 폐합閉合되는 것을 기다리며 깊은 잠을 계속하는 훌쭉한 백의의 임산부, 여기에 대해서도 추억해야 한다. 또 임종하는 사람의 베갯머리에 앉은 일도 있어야 한다. 창문을 열어놓고, 미어지는 듯한 오열이 들리는 방에서 죽은 사람 옆에 앉은 경험이 없어서는 안 된다. 그러나 추억을

갖는 것만으로 충분하다고 할 수는 없다. 추억이 많아지면, 잊어버릴 수 있어야 된다. 재차 추억이 되살아날 때까지 느긋하게 조용히 기다리는 참을성이 있어야 한다. 추억만으로는 충분하지 않기 때문이다. 추억이 피가 되고, 시선이 되고, 표정이 되고, 이름을 잃고 우리들과 구별이 없어지게 되면, 행운의 진기한 순간에, 시구의 최초의 한마디가 그런 추억 속에서 찬연히 등장해서 떠오르게 된다.

_ 라이너 마리아 릴케, 《말테의 수기》, 박환덕 옮김, 문예출판사, 2025, 26~27쪽

새들이 어떻게 나는지를 모르고, 작은 꽃들이 아침에 피어날 때의 몸짓을 모르는 사람이 시인이 되기란 거의 불가능한 일이다. 시는 경이, 아름다움의 찰나, 영원의 덧없음을 겪은 자들만이 쓸 수 있다. 한 줄의 시는 이전에 없던 세계의 발명이다. 한 줄의 시는 경험의 정수를 꿰뚫는다. 좋은 시란 뇌의 전두엽에 내리꽂히는 번개, 두개골을 울리는 우레여야 한다. 존재를 쇄신에 이르게 하고, 홀연 세계의 비밀을 엿보게 해야 한다. 바로 그렇기 때문에 시를 아는 건 곧 우주를 아는 것이다.

칼자국

어머니의 칼끝에는 평생 누군가를 거둬 먹인 사람의 무심함이 서려 있다. 어머니는 내게 우는 여자도, 화장하는 여자도, 순종하는 여자도 아닌 칼을 쥔 여자였다. 건강하고 아름답지만 정장을 입고도 어묵을 우적우적 먹는. 그러면서도 자신이 음식을 우적우적 씹고 있다는 사실을 모르는 촌부. 어머니는 칼 하나를 25년 넘게 써왔다. 얼추 내 나이와 비슷한 세월이다. 썰고, 가르고, 다지는 동안 칼은 종이처럼 얇아졌다. 씹고, 삼키고, 우물거리는 동안 내 창자와 내간, 심장과 콩팥은 무럭무럭 자라났다. 나는 어머니가 해주는 음식과 함께 그 재료에 난 칼자국도 함께 삼켰다. 어두운 내 몸속에는 실로 무수한 칼자국이 새겨져 있다. 그것은 혈관을 타고 다니며 나를 건드린다. 내게 어미가 아픈 것은 그 때문이다. 기관들이 다 아는 것이다. 나는 '가슴이 아프다'는 말을 물리적으로 이해한다.

_ 김애란, 《침이 고인다》, 문학과지성사, 2007, 151~152쪽

어머니란 일종의 유적流謫이다. 아, 대지의 큰 어머니는 만물에 젖을 먹이고 기르신다. 어머니들마다 칼과 도마를 갖고 가족이 먹을 음식들을 만든다. 어머니가 무심한 채로 재료들을 "썰고, 가르고, 다지는 동안" 우리는 겨우 책 몇 권을 읽고 몇 문장을 끼적였을 뿐이다. 어머니의 노동과 무관하게 이루어졌는데도 불구하고 몸속에는 무수한 칼자국들이 새겨진다. 늘 우리를 배불리 먹여주는 어머니는 무심하다. 그 무심함은 종교의 숭고함을 품은 무심함이다. 뭍으로 왔다가 포말을 남긴 채 돌아가기를 되풀이하는 바다가 그렇듯이!

새벽예찬

새벽에 아쉬운 것은 속절없이 비어 있는 이불 속 옆자리의 허전함 탓이 아니지요. 제 꿈속에 와서 놀던 그리운 그 사람이 돌아가는 까닭이지요. 인생은 단품單品입니다. 영산홍 꽃떨기도 봄 한철이지요. 연못 연잎 위의 이슬방울은 영롱하고 대나무숲 댓잎은 사운거리지만 꿈속에서조차 그리운 그 사람의 자취는 어디에도 없습니다. 만산홍엽은 눈이 부신데 그이는 자취가 없지요. 주옥珠玉 같은 세상이 차라리 지옥이지요. 그 사람이 태어난 사월의 탄생석誕生石은 다이아몬드입니다. 나 그대 때문에 마음에 다이아몬드 같은 지병을 얻었으니, 이제 두 눈에 청산가리를 붓고 맹아盲啞가 되어 떠돌다가 첫눈을 맞으리라고, 어금니를 질끈 물어봅니다.

_ 장석주, 《새벽예찬》, 예담, 2007, 127~128쪽

새벽은 하루의 시작이고, 메마른 영혼에 생명과 활력이 돌아오는 시각이다. 헨리 데이비드 소로는 "한낮의 감각적인 생활은 밤이 되면 멈추고, 인간의 영혼과 그 기관들은 아침이 오면 다시 활력을 되찾는다"고 했다. 새벽에 햇빛이 금싸라기처럼 반짝이는 아침이 곧 밝아오는 풍경을 상상하는 것만으로도 심장이 두근거리곤 했다. 시골에서 고적한 삶을 꾸릴 때 새벽은 기쁨으로 충만했다. 생명보다 더 강력한 진리, 생명보다 더 드높은 윤리는 없다. 오늘 새벽은 다시 돌아오지 않는 그 새벽이다.

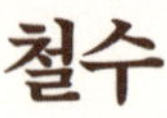

철수

날 태워봐. 기름을 바르고 내 몸에 불붙여봐. 마녀처럼 날 화형시켜봐. 쓰레기 봉지로 날 포장해서 소각로 속으로 집어던져봐. 나는 다이옥신이 되어 너의 폐 속으로 들어간다. 내 얼굴을 면도칼로 가볍게 긋고 스며 나오는 피를 빨아봐. 고양이처럼 그 맛을 즐겨봐. 그래서 나는 피투성이가 되고 싶어. 내 안에 있는 나는 무엇인지, 어떤 추악한 것인지 한 번도 만나보지 못한 채로 이 세상을 떠나가게 되는 것이 두려워 나는 마지막에 비명을 지르면서 눈물을 흘리리라. 그런데 그때 조용하게 비를 맞으면서 무너져가는 빈집의 창가를 무생물의 풍경처럼 지나가고 있는 또 다른 나. 너는 어디에서 한평생 살고 있었나. 너는 어디에서 노래를 부르고 마루에서 고양이를 잠재우며 흡혈식물 같은 입술을 닫고 지나가는 아침노을과 여름 오후의 비를 맞으면서 시간의 여울을 떠다니고 있었나. 이제 어디에도 없을 나, 재가 되어 사라지고 어둠이 되어 부패할 나, 그런 내가 내 인생을 온통 방치하고 유기한 채 이 추락의 마지막에서 누추한 손을 내민다.

_ 배수아, 《철수》, 레제, 2025, 41~42쪽

"날 태워봐", "피를 빨아봐"라는 말은 얼마나 강력한가! 사랑의 극단에서 연인은 상대의 피를 흡혈하고 살을 먹는다. 이는 하나가 되고 싶다는 무의식적 욕망이 시키는 짓이다. 우리 소설 중에서 사랑을 이토록 강렬한 방식으로 감각화 하는 대목은 없다. 우리 안의 흡혈과 식육의 욕망을 자극하고 깨운 것은 다름 아닌 연인이다. 우리 연인은 내 귓가에 악마처럼 속삭인다. "내 피를 빨아와. 고양이처럼 그 맛을 즐겨봐." 문장을 처음 접하고 팔뚝에 소름이 오스스 돋았다. 모든 사랑은 상대의 피를 마시고 살을 씹어 삼키는 불가능한 욕망에의 유혹을 숨기고 있다.

침묵의 여러 가지 양상들

세상에는 여러 가지 침묵의 공간들이 있다. 이는 한번 경험해볼 가치가 있는 침묵의 신비다.

벌목한 숲의 가슴을 찢는 듯한 침묵이 있는가 하면 우리를 에워싸는 사물들, 집, 아파트의 다양한 침묵이 있다. 그리고 우리들 주변에 있는 존재들의 언제나 의미심장한 침묵이 있다. 아기를 위하여 뜨개질을 하는 엄마나 옷을 꿰매는 할머니의 침묵, 골이 난 아이의 침묵, 서로 손을 잡고 마주 보며 서로의 생각에 잠겨 있는 연인들의 침묵.

전신을 긴장한 운동선수의 침묵, 골똘하게 조깅을 하거나 공을 잡으려고 뛰거나 골을 겨냥하여 뛰어오르는 사람의 침묵.

병상에 홀로 누워 병마와 싸워야 하는 환자의 침묵, 신경쇠약 혹은 자살의 침묵은 슬픔에 젖어 홀로 집에 돌아와 실의에 빠진 사람의 그것이다. (…)

특별한 장소들의 침묵도 있다. 마리 마들렌 다비는 말한다. "그런 장소들의 땅 힘은 침묵 속에서 위력을 발휘한다. 어떤 성스러운 장소는 그 뜻을 나타낸다. 돌이 말을 하고 숲과 숲 속의 빈터가 말을 한다. 물은 그 메시지를 속삭인다. 성스러운 장소들은 새들의 언어와 비슷하다."

(…) 동물들의 침묵, 말 없는 고양이의 저 환상적인 침묵, 개의 저 감동적인 침묵. 망을 보는 사냥꾼, 낚싯줄을 드리우고 명상에 잠긴 낚시꾼의 침묵. 장님, 벙어리, 귀머거리의 침묵, 텔레비전 화면의 한 귀퉁이 동그라미 속에서 다른 사람들에게 수화로 통역하는 사람의 침묵.

_ 마르크 드 스메트,《침묵 예찬》, 김화영 옮김, 현대문학, 2007, 13~14쪽

인간이 불행해진 것은 침묵 속에 머무는 자유를 잃은 순간부터였다. 세상의 사물과 존재들, 그것들이 머무는 공간에는 다양한 형태의 침묵이 깃든다. 언제부터인가 침묵들은 갖가지 소음에 의해 훼손되고 만다. 세상이 세속화될수록 소음은 더 증가한다. 종일 틀어놓은 텔레비전의 소리, 자동차의 경적, 진공청소기나 에어컨 실외기에서 내뿜는 소음들……이 세상을 뒤덮는다. 침묵들은 자라기도 전에 싹이 잘린다. 침묵의 소실로 빚어진 손실은 실로 막대하다. 오직 침묵만이 삶의 숭고성과 위대함을 키우는 자양분이다. 우리는 침묵이 도살된 세상으로 밀려왔다. 세상을 새롭고 깨끗하게 빚던 침묵이 사라진 탓에 삶의 수수께끼와 깊이, 비밀들도 더는 자라지 않게 되었다. 우리는 침묵 없는 세속-세계의 일원으로 속절없이 전락한다.

좋은 책들은 침울하고 권태로운 마음에

화사한 빛을 비춘다.

위로와 기쁨을 주고, 감정을 윤택하게 하는

빛에 감싸인 책들에 축복이 있을진저!

모든 쓰기는

시간의 유한성과

죽음과 망각에 대한 저항이다

고요하게 나의 세계를 확장하는

필사의 감각

개정 1판 1쇄 인쇄 2026년 1월 28일
개정 1판 1쇄 발행 2026년 2월 11일

지은이 장석주
펴낸이 고병욱

기획편집실장 윤현주 **책임편집** 신민희
마케팅 안선욱 황혜리 황예린 권묘정 이보슬 **디자인** 공희 백은주
제작 김기창 **관리** 주동은 **경영지원** 노재경 송민진

펴낸곳 청림출판(주)
등록 제2023-000081호

본사 04799 서울시 성동구 아차산로17길 49 1010호 청림출판(주)
제2사옥 10881 경기도 파주시 회동길 173 청림아트스페이스
전화 02-546-4341 **팩스** 02-546-8053

홈페이지 www.chungrim.com **이메일** cr1@chungrim.com
인스타그램 @chungrimbooks **블로그** blog.naver.com/chungrimpub
페이스북 www.facebook.com/chungrimpub

ISBN 978-89-352-1501-0 03800